Berte Bratt

Meine Tochter Liz

ROMAN

Schneider-Buch

München – Wien – Hollywood/Florida USA
Titel der norwegischen Originalausgabe MIN DATTER LISBET
Übersetzung Karl Hellwig
Titelfoto Susanne Schapowalow
Illustration Gerda Radtke
ISBN 3 505 08815 3
Bestellnummer 8815

Ich lernte Liz, meine kleine Lisbeth, an ihrem siebenten Geburtstag im April kennen. So deutlich erinnere ich mich alles dessen, was an diesem Tage geschah, als wäre es erst gestern gewesen.

Ich hatte dreihundert Kronen in der Tasche. Eine Übersetzung, die ich für meinen Verleger, Herrn Rambech, angefertigt hatte, war geprüft und für gut befunden worden. Soeben hatte ich das Honorar dafür erhalten. Das mußte unbedingt gefeiert werden. Sollte ich meine Kusine Anne-Grete einladen und ihr sagen, sie möchte einen oder zwei ihrer Freunde mitbringen? Zu einem gemütlichen Abend in meiner höchst modern eingerichteten Zweizimmerwohnung? Mit einem tüchtigen Feuer im Kamin, auserlesenen Speisen, starkem Kaffee und einem Glase

Wein? Oder sollte ich lieber meine Schreibmaschine wegpacken, die Wohnung abschließen und auf eine Woche verreisen? In meiner Kindheit war ich viel in der Welt herumgekommen. Mein Vater war Gesandtschaftssekretär und hatte, wie es sein Beruf mit sich brachte, sehr häufig den Wohnsitz gewechselt. Und da er mich seit dem Tode meiner Mutter – und das heißt seit dem Tage meiner Geburt – ständig hatte bei sich haben wollen, so hatte auch ich ein sehr unruhiges Leben geführt. Ich hatte die verschiedensten Schulen besucht: immer nur auf kurze Zeit, aber doch lange genug, um mir, ohne eigentlich zu wissen wie, außer meiner Muttersprache die wichtigsten Weltsprachen und noch einige weniger wichtige Sprachen aneignen zu können. Ich war auf holländischen Kanälen Schlittschuh gelaufen, hatte meinem Erzfeind, dem kleinen schwarzhaarigen und dunkelhäutigen Pedro in Madrid, faule Apfelsinen an den Kopf geworfen und war mit der kleinen Tochter des Gesandtschaftsrats auf den schattigen Wegen des Bois de Boulogne zu Paris in einem Ponywagen spazierengefahren.

Kurz vor meinem einundzwanzigsten Geburtstag war mein Vater auf dem Schiff, das uns von Lissabon nach Norwegen brachte, gestorben. Seither hatte ich, mündig geworden, für mich selber sorgen müssen. Aber etwas von der Unruhe jener Jahre spürte ich noch immer in meinem Blut, und an ein genau geregeltes, wenig abwechslungsreiches Leben hatte ich mich noch nicht so recht gewöhnen können. War es daher nicht das beste, wenn ich das Honorar, das ich soeben erhalten hatte, dazu benutzte, endlich einmal wieder eine kleine Reise zu machen?

Zunächst jedenfalls tat ich, was neunundneunzig von hundert Frauen an meiner Stelle ebenfalls getan haben würden: Ich kaufte mir einen neuen Hut. Und wenn es etwas gibt, was eine Frau in eine gehobene Stimmung zu versetzen vermag, so ist es die Überzeugung, bei einem Hutkauf das Richtige gefunden zu haben. Diesmal hatte ich das Richtige gefunden.

Als ich dann nur wenig später mit dem neuen Hut auf dem Kopfe auf die Straße trat, hatte ich jenes angenehme Gefühl, das sich einzustellen pflegt, wenn man gut und geschmackvoll angezogen ist. Natürlich mußte ich mich in einem Schaufensterspiegel betrachten. Es erwies sich, daß dieses Schaufenster zu einer Konditorei gehörte. Und als ich in den Spiegel blickte, sah ich, wie gerade eine große Ananastorte auf den Ladentisch gesetzt wurde. Ananas ist eines der Dinge auf dieser Welt, deren Lockung ich unmöglich widerstehen kann.

Bald standen ein Kännchen Kaffee und ein großes Stück Ananastorte vor mir, und ich wollte mich eben dem Genusse hingeben, als ich in meiner unmittelbaren Nähe eine Kinderstimme sagen hörte: „Vater! Der Hut der Dame da sieht genauso aus wie eine Bananenschale!“ Ich zuckte zusammen. Es war nicht der leiseste Zweifel möglich: Das Kind meinte mein soeben erworbenes neues Modell! Ich warf einen schnellen Blick in den Taschenspiegel. Er kleidete doch so gut, dieser flotte kleine Hut, der gewissermaßen nur den Mittelpunkt für den wogenden, flatternden schwarzen Schleier bildete! Und doch! Das Kind hatte recht! Der Hut hatte sowohl die Farbe wie auch die Form einer halben Bananenschale!

Glücklicherweise siegte mein Sinn für Humor. Dieses Kind mit dem scharfen Blick mußte ich mir doch einmal etwas genauer ansehen. Ich drehte mich also langsam um.

Es war ein kleines Mädchen mit einer abgetragenen, zu klein gewordenen Matrosenbluse, einem kurzen blauen Rock und Schuhen mit dicken Sohlen, die zur Schonung mit kleinen Eisenplatten benagelt waren. Etwas bleich war die Kleine, aber sie hatte ein lebhaftes Gesicht mit einer drolligen kleinen Stupsnase und funkelnden braunen Augen. Ihr Haar war halblang und wellig. An der Schläfe wurde es von einer billigen, geschmacklosen Zelluloidspange zusammengehalten.

Ihre Augen und ihr ausdrucksvolles Gesicht hielten meinen Blick fest. Ich vergaß darüber den erst zur Hälfte verzehrten Ananaskuchen. Warum aber die Kleine mich so fesselte, hätte ich selber nicht zu sagen gewußt.

Sie schien an mir das gleiche Interesse zu nehmen. Eine so heftige und plötzliche Sympathie pflegt immer wechselseitig zu sein. Und wenn man sieben Jahre alt ist, hat man nicht dieselben Hemmungen wie mit dreiundzwanzig.

Die Kleine lächelte mich an. Es war ein offenes, glückliches Lächeln.

Sie saß mit ihrem Vater zusammen. Er war ärmlich gekleidet und sah kränklich aus. Er hatte dieselben braunen Augen wie seine Tochter – aber seine lagen tief in ihren Höhlen. Und die Hand, die die Limonadenflasche hielt – er schenkte gerade seiner Tochter ein –, war mager und knochig.

„Sie sieht lieb aus, Vater!" sagte das Kind – laut genug, daß ich es hören konnte.

Jetzt wandte er sich nach mir um – und da stutzte ich. War es möglich, daß es auf der Welt zwei Menschen mit denselben braunen Augen und demselben kleinen dreieckigen Muttermal im rechten Mundwinkel gab?

Nein. Es konnte niemand anders als Georg Jensen sein. Seit zehn Jahren hatten wir uns nicht mehr gesehen. Ja, so lange mußte es her sein. Es war in jenem Sommer gewesen, in dem wir beide bei unserem gemeinsamen Großonkel im Gudbrandstal zu Besuch geweilt hatten. Wir waren eine ganze Schar von mehr oder weniger nahe miteinander verwandten Kindern und jungen Leuten gewesen, und wir hatten die herrlichsten Ferien verlebt, die man sich nur wünschen konnte: Wir tummelten uns im Heu, tanzten in der Scheune, stopften uns den Magen mit Kirschen voll, ritten die Pferde auf die Weide und genossen das Dasein in vollen Zügen. Georg war der Älteste von uns allen gewesen. Schon damals war er still und verschlossen. Zwar war er gutmütig – unglaublich gutmütig sogar –, aber ich erinnerte mich, daß die Onkel und Tanten davon sprachen, es wäre an ihn nicht heranzukommen. Wenn er um etwas gebeten wurde, tat er es – aber er suchte sich nie zur Geltung zu bringen. Er spielte Geige und sprach wenig. Damals war er etwa zwanzig Jahre alt gewesen. Jetzt mußte er also dreißig sein. Aber er sah viel älter aus.

Ich hatte gehört, er habe geheiratet, seine Frau aber früh verloren. Er sollte in irgendeinem Geschäft eine bescheidene Stellung innehaben.

Mehr wußte ich nicht. Und, offen gestanden, ich hatte in diesen Jahren nicht viel an ihn gedacht.

Er schien mich wiederzuerkennen. Unsere Blicke begegneten sich. Er lächelte fragend. Ich lächelte zurück.

„Wenn ich nicht irre – – –“

„Ja, freilich bin ich es. Wie nett, dich wiederzusehen. Wie geht es dir, Georg?“

„Es macht sich – danke. Ich hätte dich beinahe nicht wiedererkannt, Steffi. Du siehst so –“ er stockte, als suche er nach einem passenden Ausdruck – „so erwachsen aus“, vollendete er schließlich den Satz.

„Das will ich auch hoffen“, sagte ich. „Aber, Georg, du kannst doch unmöglich eine so große Tochter haben?“

„Doch – das ist meine Tochter“, sagte Georg. Und nun brauchte er nicht mehr nach Worten zu suchen. Ganz im Gegenteil! Seine Stimme war sicher und fest, der Tonfall unverkennbar stolz.

Die klugen Augen der Kleinen wanderten zwischen ihrem Vater und mir hin und her. Man merkte es ihr an, daß sie allem, was gesprochen wurde, aufmerksam folgte.

Ich reichte ihr die Hand.

„Du also warst der Meinung, mein Hut sähe wie eine Bananenschale aus!“ sagte ich. „Aber weißt du, das schlimmste ist: ich glaube, du hast recht! – Ich heiße Steffi. Und wie heißt du?“

„Lisbeth“, sagte die Kleine. Mit einiger Verwunderung stellte ich fest, daß sie mir die Hand wie ein Erwachsener drückte.

Georg mischte sich nicht in unser Gespräch. Er sagte weder: „Mach einen Knicks, Lisbeth!“ noch: „Gib Tante Steffi hübsch die Hand!“ noch etwas anderes dergleichen, wie es die meisten Eltern bei einer ähnlichen Gelegenheit zu tun pflegen. Er überließ es ganz der Kleinen, sich so zu verhalten, wie sie es für richtig hielt.

Sie wußte offenbar sehr genau, wann man einen Knicks zu machen und was man zu sagen hatte. Niemand brauchte sie daran zu erinnern.

„Darf ich neben dir sitzen, Lisbeth?“ fragte ich.

„Bitte schön!“ sagte Lisbeth, mich aufmerksam betrachtend. Sie rückte ihren Stuhl etwas zur Seite, um mir Platz zu machen.

Georg fragte, wie es mir ginge. Ich erzählte ihm, ich hätte nun in Norwegen festen Wohnsitz genommen und verdiente mir meinen Unterhalt als Übersetzerin. Außerdem hätte ich eine Leibrente, die ich für meine Erbschaft gekauft hatte.

„Und was machst du, Georg?“

„Ich – – –“ antwortete er zögernd. „Ach, von mir gibt es nicht viel zu erzählen. Lisbeth und ich sind ja nun allein, aber wir kommen ganz gut zurecht –“

„Wir haben nämlich keine Mutter mehr“, fügte Lisbeth erklärend hinzu. „Mutter starb, als ich noch klein war.“

„Aber wer sorgt denn da für dich, Lisbeth?“ fragte ich. Ich hatte den Eindruck, daß sie mitteilsamer war als ihr Vater.

„Wir machen alles allein. Vater kocht das Essen, und ich decke den Tisch. Und wenn wir gegessen haben, wäscht Vater das Geschirr, und ich trockne ab. Vater wäscht auch den Fußboden, aber ich wische Staub. Wir wollen uns von niemandem helfen lassen, weißt du, denn wir finden, es ist –“ sie suchte nach einem passenden Wort – „es ist eine Ehrensache, daß wir allein zurechtkommen.“

Ich mußte lächeln. Sie sah ganz allerliebst aus, als sie mit altkluger Miene zu sagen versuchte, was ihr Vater ihr erklärt hatte. Georges eingefallene Wangen röteten sich.

„Du kannst dir ja denken, es war nicht ganz leicht, als meine Frau starb. Wir wollten so ungern einen fremden Menschen im Hause haben. Eine Haushälterin kostet auch viel Geld. So probierten wir also, ohne fremde Hilfe auszukommen – und jetzt geht es ganz gut. Auch wenn wir es könnten, möchten wir es jetzt nicht anders haben."

„Nein", bestätigte Lisbeth. „Denn jetzt können wir alles genauso machen, wie wir selber es haben wollen. Und wenn es auch manchmal etwas viel Arbeit macht, so ist es doch schön, sein eigener Herr zu sein. Das meinen wir beide."

Kleine altkluge Lisbeth! Ich fing an, einen Georg zu ahnen, den ich nicht kannte: einen Georg, der sich einem einzigen Menschen rückhaltlos erschlossen hatte. Und dieser eine Mensch war ein siebenjähriges Mädchen mit braunen Augen und mit einer Zelluloidspange im Haar – – –

Dann erzählte Georg stockend und bruchstückweise, wie er ziemlich hilflos gewesen sei, als er seine Frau verloren hatte. Zu dem Kummer kamen noch die vielen Schwierigkeiten des täglichen Lebens. Der geringe Lohn, den er als Verkäufer in einer Eisenwarenhandlung bekam, erlaubte ihm sicherlich nicht, sich eine Haushälterin zu leisten. Es blieb ihm daher nichts weiter übrig, als selber den Haushalt zu führen, Lisbeth am Morgen in einen Kindergarten zu bringen und sie am Nachmittag wieder von dort abzuholen. Mit der Zeit ging es besser. Lisbeth bedeutete für ihn wirklich eine große Hilfe, so klein sie noch war. Und zum Herbst sollte sie in die Schule kommen.

Ich fragte, wo sie wohnten.

Er nannte den Namen der Straße. Ich kannte sie nicht.

„In Grünerlökken“, erklärte Lisbeth.

„Ach so“, sagte ich. Ich war in diesem Stadtteil nie gewesen. Aber ich sagte das nicht. Denn ich wollte um keinen Preis, daß Lisbeth und ihr Vater glauben sollten, ich hielte mich für zu fein, um einen so wenig vornehmen Stadtteil zu kennen.

Plötzlich fiel mir ein, daß Lisbeth und ich etwas gemeinsam hatten – etwas, was von allergrößter Bedeutung ist und das Leben eines Menschen entscheidend beeinflußt.

„Du, Lisbeth“, sagte ich. „Denke dir: als ich klein war, ging es mir genauso wie dir. Auch mein Vater und ich hielten immer fest zusammen, und wir waren sehr gute Freunde. Ich habe meine Mutter schon verloren, als ich eben erst geboren war.“

Lisbeth blickte mich ernst an:

„Wo ist dein Vater denn jetzt?“

„Er lebt auch nicht mehr.“

„Dann bist du also ganz allein und hast niemanden?“

„Jedenfalls niemanden, den ich wirklich sehr lieb habe.“

Plötzlich war mir, als wäre ein großer Kloß in meinem Halse steckengeblieben. Und das hatte zwei Ursachen. Die eine war, daß es mir in diesem Augenblick zum erstenmal richtig aufging, *wie* einsam ich tatsächlich war. Es gab nicht einen einzigen Menschen, der wirklich an mir hing. Starb ich, so würde Anne-Grete sich wohl eine Träne aus dem Auge wischen. Tante Helga auch. Aber niemand auf der ganzen Welt würde mich warhaft betrauern, niemand würde mich vermissen. Denn es gab nicht einen einzigen Menschen, für den es von entscheidender Bedeutung gewesen wäre, ob ich auf dieser Welt war oder nicht.

Die andere Ursache war eine warme kleine Hand, die sich in meine schob und sie drückte.

„Da habe ich es doch viel besser", sagte Lisbeth. „Denn Vater und ich, wir sind doch zwei. Und du bist bloß einer."

Georg blickte unverwandt auf seine Tochter. Wie er das Kind liebte! Seine ganze Liebe leuchtete ihm aus den Augen.

Aber jetzt sah er auf die Uhr.

„Wir müssen nun wohl gehen, Lisbeth", sagte er. Dann wandte er sich an mich und fügte erklärend hinzu:

„Ich habe mich für eine Vormittagstunde frei gemacht, weil Lisbeth heute Geburtstag hat – – –"

„Aber Lisbeth!" rief ich. „Du hast Geburtstag? Meinen herzlichsten Glückwunsch! Weißt du was, Georg? Wenn du ins Geschäft mußt, dann könntest du mir doch Lisbeth für eine Weile leihen. Wir machen dann einen kleinen Bummel zusammen und kaufen ein Geburtstagsgeschenk."

Georg schien nicht recht zu wissen, was er antworten sollte.

„Das ist sehr lieb von dir, Steffi – aber du sollst nicht – –"

„Sage doch ja, Georg! Es würde mir eine solche Freude machen! Und ich habe heute eigentlich gar nichts zu tun. Ich liefere Lisbeth selbstverständlich selber zu Hause wieder ab. Ich werde mir die Adresse aufschreiben."

„Das ist nicht nötig. Die Adresse kann dir Lisbeth sagen, wenn du sie vergessen solltest. Aber die Sache ist nicht so einfach, wie du denkst. Ich komme erst gegen sechs Uhr nach Hause – –“

„Aber das ist ja ausgezeichnet! Da haben Lisbeth und ich einen schönen langen Tag vor uns – übrigens, weißt du was? Du könntest doch von dem Geschäft gleich zu mir kommen – wir essen dann zusammen und plaudern von alten Zeiten – – bitte, Georg, sage ja!“

Nach einigem Zögern willigte er ein. Als ich ihm meine Adresse gegeben hatte, reichte er uns die Hand – erst mir, dann Lisbeth.

„Vielen Dank, Vater, für die Limonade und den Kuchen!“

Es klang so merkwürdig erwachsen in dem kleinen Munde.

Ich bestellte für Lisbeth ein Stück Ananastorte, als Georg gegangen war. Man merkte es ihr an, wie gut es ihr schmeckte. Offenbar bekam sie nur selten „etwas Gutes“.

„Was hast du denn heute zum Geburtstag bekommen, Lisbeth?“

Ich bereute meine Frage schon, als ich sie kaum geäußert hatte. Vielleicht hatte sie gar nichts Besonderes bekommen.

„Dies hier“, sagte Lisbeth, indem sie die häßliche Zelluloidspange leicht mit der Hand berührte. „Und dann einen Regenmantel und eine Kappe. Dort hängen sie!“

Ein kleiner roter Regenmantel und eine rote Kappe hingen an einem Kleiderhaken neben der Tür. Ich mußte unwillkürlich lächeln. Es war leicht zu merken, daß der Regenmantel neu war, da sie ihn bei so strahlendem Sonnenschein trug.

„Ein feines Geschenk, Lisbeth!“ sagte ich. Ich wartete einen Augenblick, weil ich dachte, sie würde vielleicht noch mehr erzählen. Aber es war offenbar von keinen weiteren Geschenken zu berichten.

Mit Blitzesschnelle zogen Bilder von meinem siebenten Geburtstag an mir vorüber. Ich erinnerte mich an diesen Tag ganz genau, weil ich an ihm mein erstes Fahrrad bekommen hatte. Wir wohnten damals in Helsinki. So kam es, daß zwanzig finnisch sprechende Kinder unseren Speisesaal mit ihrem munteren Geplauder erfüllten, Schokolade tranken und in die Riesentorte, auf der sieben Lichter brannten, gewaltige Lücken rissen. Und ich hatte unendlich viele Geschenke bekommen. Vater war sehr beliebt gewesen. Daher hatten alle möglichen Menschen dem kleinen mutterlosen Mädchen eine Freundlichkeit erweisen wollen, und jeder meiner zwanzig kleinen Gäste hatte mir eine große Tafel Schokolade mitgebracht.

Lisbeths Geburtstag dagegen wurde am Vormittag in aller Eile bei einem Glase Limonade und zwei Stück Kuchen gefeiert. Und ihre Geschenke bestanden aus einem roten Regenmantel mit Kappe und einer Zelluloidspange. Und wie glücklich war sie darüber!

„Was wünscht du dir von mir, Lisbeth?“

Lisbeth antwortete nicht sofort. Sie dachte nach. Es war gewiß etwas Neues für sie, daß sie sich etwas wünschen durfte und begründete Hoffnung hatte, ihr Wunsch würde auch erfüllt werden.

„Nun, Lisbeth? Soll ich dir helfen? Du mußt doch wissen, was du gern haben möchtest.“

Lisbeth krauste die kleine Stirn.

„Weißt du", erklärte sie schließlich mit ernster Miene, „wir wünschen uns eine solche Masse, daß wir wirklich nicht wissen, was wir am liebsten haben möchten."

Da war es wieder! „Wir", sagte Lisbeth. Georg hatte auch immer „wir" gesagt. Die Einzahl existierte für Lisbeth und ihren Vater nicht. Sie gehörten in jeder Hinsicht zusammen.

Ich hatte alles mögliche erwartet: ein neues Kleid, einen Roller, einen Schulranzen, einen Puppenwagen – ja, hätte sie „Fahrrad" gesagt, so fürchte ich, ich wäre auf der Stelle hingegangen und hätte ihr eins gekauft; denn ich war von ihren braunen Augen wie verhext. Den Wunsch aber, den sie schließlich äußerte, hätte ich wahrlich nicht erwartet. Ich fiel beinahe vom Stuhl, als ich ihn hörte.

„Ich glaube, am allermeisten wünschen wir uns eine Kochplatte."

Ich muß vor lauter Überraschung Mund und Nase aufgesperrt haben, wie man sagt. „Eine Ko-ochplatte?"

„Ja. Siehst du: wir haben bloß eine, und die wird nur sehr langsam heiß, und es dauert immer sehr lange, bis das Essen kocht. Und du kannst dir gar nicht denken, wie lange wir warten müssen, bis das Abwaschwasser warm wird."

Ich hatte mich im Laufe meines Lebens schon in mancher ungewöhnlichen Lage befunden, aber niemals in einer so sonderbaren wie jetzt. Ich hatte mich mit fremden Diplomaten auf französisch und spanisch unterhalten, ich hatte mit siebzehn Jahren bei Gesellschaften, die mein Vater geben mußte, die Rolle der Hausfrau übernommen, ich hatte in einem Hotel mit einer leibhaftigen Königlichen Hoheit am selben Tisch gesessen – aber noch nie im Leben hatte ich mich so unterlegen und hilflos gefühlt wie in diesem Augenblick.

„Natürlich kannst du – –“ Ich wollte noch mehr sagen, Lisbeth aber ließ mich nicht zu Worte kommen.

„Wir wünschen uns auch einen Teppich“, überlegte sie weiter, „aber der ist nicht so dringlich, denn es wird ja bald Sommer, und dann ist der Fußboden nicht mehr so kalt. Vorhänge für das Schlafzimmer wünschen wir uns auch, aber ich glaube, eine Kochplatte wünschen wir uns doch am meisten.“

Ich nahm mich gewaltsam zusammen. Hier hatte Lisbeth allein zu entscheiden. Mir stand es nicht zu, ihr da hineinzureden.

Lisbeth zog ihren roten Regenmantel an, und dann gingen wir, nachdem ich bei mir zu Hause angerufen und Erna, meiner Hausgehilfin, wegen des Essens Bescheid gesagt hatte. „Fleischklöße mögen wir am allerliebsten“, sagte Lisbeth. Damit war ja das Menü geklärt.

Und nun geschah das Merkwürdige, daß ich für ein siebenjähriges Mädchen zu seinem Geburtstag eine Kochplatte kaufte. Ich ließ sie in meine Wohnung schicken.

„Und was machen wir nun, Lisbeth?“

Lisbeth war es nicht gewohnt, daß sie tun konnte, wozu sie gerade Lust hatte. Sie wußte sich aber schnell in diese neue Lage zu finden.

„Bist du müde, Lisbeth?“

„Aber nein!“ Sie schüttelte energisch den Kopf.

„Weißt du, was wir machen? Wir sehen uns ein bißchen die Schaufenster an. Und wenn du etwas entdeckst, was du furchtbar gern haben möchtest, dann sagst du es. Ich meine: etwas für dich selber, etwas für dich allein."

Sie blickte mich verwundert an. Aber zum Glück standen wir gerade vor einem Spielwarengeschäft, und sie war doch noch Kind genug, um sich von dem Schaufenster fesseln zu lassen.

Viel sagte sie nicht. Aber ihre Augen wurden immer größer, und sie starrte sehr lange auf jedes einzelne Spielzeug. Ich hielt ihre Hand in der meinen und störte sie nicht beim Schauen. Wie sie dastand! Winzig und ernsthaft und mit so vielen Sorgen, wie sie sonst nur Erwachsene haben, hinter der kleinen Stirn! Endlich blickte sie zu mir auf.

„Ein Mädchen in unserer Straße hat genauso einen Ball wie den da!"

„Willst du gern einen haben, Lisbeth?"

Sie betrachtete den Ball sehr lange. Dann blickte sie zu mir auf. „Ich glaube, wir sehen uns lieber noch mehr Schaufenster an. Es wäre doch dumm, wenn wir den Ball kauften und ich fände dann hinterher etwas, was ich noch lieber haben möchte."

„Gut!" Wir gingen also weiter.

Bald blieben wir vor einem Geschäft mit Sportartikeln stehen, bald vor einem mit Schnittwaren oder Haushaltsachen. Lisbeth betrachtete eingehend Schaufenster um Schaufenster. Merkwürdigerweise langweilte es mich keineswegs, sie zu begleiten. Ich starrte in dieselben Schaufenster wie sie, sagte aber nichts, sondern bemühte mich, zu erraten, was sie sich wohl wünschen würde.

Schließlich blickte sie auf. Wir standen gerade vor einem Schaufenster mit Kinderkleidern.

„Bist du sehr reich, Steffi?"

Ich mußte lachen.

„Na, so richtig reich bin ich eigentlich nicht. Aber ich habe Geld genug. Du brauchst also keine Angst zu haben, daß es zuviel kostet. Sage nur, was du gern haben möchtest."

„Aber dann bist du doch reich – wenn du viel Geld hast", sagte Lisbeth.

„Was hast du dir denn wünschen wollen?"

Ich folgte der Richtung von Lisbeths Blicken. Dort hinten hing ein rotes Samtkleid.

„Glaubst du, das Kleid ist furchtbar teuer?"

„Ach nein, das glaube ich nicht. Komm, wir wollen mal hineingehen."

„Ja, wenn du wirklich meinst – – –"

Das Kleid war teuer. Konnte Lisbeth aber auch wissen, daß sie vor dem vornehmsten Spezialgeschäft für Kinderbekleidung stehengeblieben war?

Aber ihre strahlenden, glücklichen braunen Augen waren das Geld wert. Ich beobachtete Lisbeth. Unsere Blicke begegneten sich im Spiegel. Wir verstanden uns. Wir waren zwei Frauen, die etwas Neues bekommen hatten: Lisbeth ein neues Kleid und ich einen neuen Hut. Wir nickten einander im Spiegel zu.

„Nun, Lisbeth? Gefällt dir das Kleid?"

Plötzlich hörte ich eine fremde Stimme sagen:

„Das Kleid paßt Ihrer Tochter, gnädige Frau, als wäre es für sie nach Maß gearbeitet."

Lisbeth merkte wohl nichts. Und ich hütete mich, die Verkäuferin über ihren Irrtum aufzuklären.

Als wir dann das Geschäft mit dem Kleiderkarton, den Lisbeth durchaus selber hatte tragen wollen, verlassen hatten, umschloß ich ihre Hand fest mit der meinen, und einen kurzen Augenblick hatte ich das Gefühl, als besäße ich eine leibhafte Tochter, für die ich eine große und beglückende Verantwortung trüge.

Dann gingen wir in eine Eiskonditorei. Lisbeth erzählte mir, sie habe schon Eis gegessen. „Solches vom Milchgeschäft, weißt du, in kleinen Kekstüten." Aber „solches gelbes Eis mit Eingemachtem darunter und Beeren obendrauf" hatte sie noch nie gegessen.

Schließlich nahmen wir ein Taxi und fuhren zu mir nach Hause. Ich hatte nur den einen Wunsch: daß dieser Tag für Lisbeth ein richtiger Festtag würde, ein Geburtstag, an den sie noch lange denken sollte.

Lisbeth machte einen untadeligen Knicks vor Erna, die ihr den roten Regenmantel abnahm, und als wir in mein Wohnzimmer getreten waren, reichte sie mir die Hand und sagte, während sie die meine so fest drückte, wie es ihre Gewohnheit war:

„Vielen, vielen Dank, Steffi, für alles. Für den Kuchen und die Kochplatte und das Kleid und das Eis. Und daß ich Auto fahren durfte."

Ich hatte eigentlich ein ganz klein wenig mehr erwartet. Ich hätte mich so gefreut, wenn sie mir nur einen kurzen Augenblick ihre kleinen Arme um den Hals gelegt hätte. Als ich klein war, hielt ich es für die natürlichste Sache von der Welt, daß ich Menschen, die lieb zu mir gewesen waren, an den Hals flog.

Aber Lisbeth war dergleichen nicht gewohnt.

Eigentlich etwas sonderbar. Wo sie und ihr Vater doch so aneinander hingen! Daß sie da nicht etwas mehr aus sich herausging! Etwas unmittelbarer, etwas zärtlicher war! Ein merkwürdiges Kind!

Aber Lisbeth gab mir noch mehr Rätsel auf.

Sie verschwand fast in Vaters großem Lehnstuhl. Sie saß ganz still da und sah sich aufmerksam um. Ich fühlte mich in dieser neuen Lage etwas unsicher. Wir konnten Georg frühestens in ein paar Stunden erwarten.

Womit pflegt man Kinder zu unterhalten? Kleine Kinder, die noch nicht lesen konnten? Das ist im Grunde ein Problem. Ein Problem, das die meisten Erwachsenen auf eine sehr törichte Weise zu lösen suchen, indem sie eine Menge gleichgültiger und aufdringlicher Fragen stellen. „Wie alt bist du?“ – „In welche Klasse gehst du?“ – „Kommst du in der Schule gut mit?“ – Schließlich ist die Schule ja ein schier unerschöpfliches Stoffgebiet – aber Lisbeth ging noch nicht zur Schule! Also nicht einmal dieser Gesprächsgegenstand konnte mir aus der Verlegenheit helfen.

Natürlich gab es eine ganze Menge Dinge, über die ich gern etwas gewußt hätte. Aber ich wollte nicht zudringlich sein – auch nicht einem kleinen Mädchen gegenüber, das aus seinem Matrosenkleidchen herausgewachsen war. Lisbeths kluge, wachsame Augen warnten mich. Ich fühlte, daß sie eine Taktlosigkeit begreifen und mißbilligen würde.

Da kam mir ein Gedanke.

„Hast du Lust, Bilder anzusehen, Lisbeth? Ich habe eine Menge drolliger Fotos aus der Zeit, da ich noch klein war.“

„Ja, gern“, sagte Lisbeth höflich.

Ich suchte meine alten Alben hervor und setzte mich auf die Lehne von Lisbeths Stuhl. Sie betrachtete jedes Bild sehr eingehend. Und ich erzählte.

„Dies ist eine Aufnahme aus Paris“, erklärte ich. „Hast du schon etwas von Paris gehört?“

Nein, von Paris hatte Lisbeth noch nie etwas gehört.

Da begann ich zu erzählen, und sie hörte interessiert zu. Manchmal stellte sie eine Frage und veranlaßte mich so, noch mehr zu erzählen. Schließlich mußte ich eine Karte von Europa holen und ihr zeigen, wo alle diese Städte lagen, in denen ich gewesen war. Vielleicht sprach ich zu erwachsen, vielleicht war vieles von dem, was ich sagte, für sie zu schwer zu verstehen. Aber mit der Zeit habe ich die Erfahrung gemacht, daß es gar nichts schadet, wenn man etwas sagt, was für ein Kind etwas schwer zu verstehen ist. Denn ist das Kind begabt, so bemüht es sich zu folgen und fühlt sich im Grunde geschmeichelt, weil man sein Fassungsvermögen überschätzt. Nur eins verträgt es nicht: daß man es unterschätzt.

Es zeigte sich, daß Lisbeth die Buchstaben kannte. „Ich habe sie von Vater gelernt“, sagte sie. Es machte uns beiden riesigen Spaß, die Namen der Städte auf der Karte zu buchstabieren und dann wieder die zugehörigen Bilder zu betrachten. Besonders von einem Foto kam Lisbeth gar nicht los. Es war die Aufnahme aus dem Bois de Boulogne zu Paris mit dem Ponywagen, der Tochter des Gesandtschaftsrats und mir als Gast. Ich war damals acht Jahre alt gewesen.

„Und das Pony gehörte wirklich dem kleinen Mädchen?“

„Ja, denk dir nur: es gehörte wirklich diesem kleinen Mädchen!"

„Und der Wagen auch?"

„Ja. Sie hatte das Pony und den Wagen zum Geburtstag bekommen."

„Du – die müssen aber reich gewesen sein. Ich meine: der Vater und die Mutter des kleinen Mädchens."

„O ja. Die waren reich."

Lisbeth sagte nichts weiter. Sie wurde gleichsam noch winziger in ihrem abgetragenen Matrosenkleidchen.

Ich blätterte weiter und zeigte ihr die Aufnahme vom Gebirge, von den Sommerferien, die ich in den norwegischen Bergen verlebt hatte, und tatsächlich fand sich darunter auch ein Bild von jenem Sommer im Gudbrandstale.

„Sieh dir dieses Bild einmal genau an, Lisbeth! Vielleicht entdeckst du darauf jemand, den du kennst?"

Sie suchte lange. Plötzlich aber ging ein Aufleuchten über ihr Gesicht.

„Das ist Vater! Stimmt es nicht, Steffi?"

„Natürlich stimmt es!"

Ihre Augen strahlten. Vergessen waren Pony und Ponywagen. Jetzt wollte sie alles mögliche über jenen Sommer bei Großonkel Sigurd im Gudbrandstale wissen, und da hörte ich Lisbeth zum ersten Male lachen. Es war ein jubelndes, melodisches Lachen, das immer aufs neue aus ihrer Kehle hervorbrach, während ich ihr von Kusine Nette erzählte, die ihren neuen Strohhut mit Erde gefüllt und Blumen darin gepflanzt, oder von Vetter Johann, der mir einen lebendigen Igel ins Bett gelegt hatte. Wir vergaßen beide Zeit und Stunde, Lisbeth und ich, und kehrten erst in die Gegenwart zurück, als Erna hereinkam, um den Tisch zu decken. Da ging ich mit Lisbeth ins Badezimmer. Ich war nicht im geringsten überrascht, als ich sah, wie selbständig sie war. Ohne erst lange zu fragen, sah sie sich um und fand schnell, was sie brauchte. Als sie sich die Hände gewaschen und das Haar gekämmt hatte, wollte sie gern das neue Kleid anziehen. Sie holte eine Schere, schnitt den Bindfaden durch, mit dem der Karton verschnürt war, nahm vorsichtig den Inhalt heraus, legte das alte Kleid sauber zusammen, tat es in den Karton und zog sich das neue an.

Weder beim Zuknöpfen noch bei dem Reißverschluß brauchte ich ihr zu helfen. Das Reißverschluß entlockte ihr einen Jubelruf:

„Sieh, Steffi! Er ist rot! Genau wie das Kleid!"

Als sie schließlich fertig angezogen, frisch gewaschen und gekämmt vor mir stand, mußte ich mich mächtig zusammennehmen, daß ich sie nicht in meine Arme schloß. Aber, wie gesagt, Lisbeth war nicht so; bei ihr ging so etwas nicht.

Endlich kam Georg, bleich, still und verschlossen. Er bedankte sich stockend und etwas verwirrt für Lisbeths Kleid. Aber nach und nach taute er auf. Und als die erste Portion Fleischklöße verzehrt war, gelang es mir wirklich, ihn mit der Erinnerung an dieses oder jenes kleine Erlebnis des Sommers vor zehn Jahren zum Lachen zu bringen.

Lisbeth wurden nach dem Essen die Augen schwer, und sie sträubte sich nicht, als ich sie einlud, sich etwas hinzulegen. Sie verschwand fast ganz in meinem breiten französischen Bett.

Georg und ich tranken Kaffee. Als er ein paar Gläser Cognac getrunken hatte, bekamen seine Wangen Farbe. Er wurde mitteilsamer. Er sprach von Lisbeth. Nur von Lisbeth. Er erzählte Episoden aus ihrem täglichen Leben, sprach von ihrer merkwürdigen Reife, ihrer Fürsorge für ihn, seinem kameradschaftlichen Verhältnis zu ihr, das seinen schönsten Besitz bildete. Wie Lisbeths Augen geleuchtet und gestrahlt hatten, als sie auf der alten Liebhaberaufnahme ihren Vater entdeckt hatte, so leuchteten und strahlten nun Georgs Augen, als ich sagte, ein so entzückendes Kind hätte ich noch nie gesehen, und ich hätte Lisbeth in den wenigen Stunden richtig liebgewonnen.

Ich übertrieb nicht. Ich konnte mich nicht erinnern, seit Jahren einen so schönen Tag wie diesen erlebt zu haben. Ich erzählte Georg von der Kochplatte, die Lisbeth sich gewünscht hatte. Da dankte er mir abermals, stotternd und errötend. Nun suchte ich ihm klarzumachen, daß ich Ursache hätte, dankbar zu sein – ja, ich sagte wohl gar, ich beneidete ihn, weil er doch wüßte, wofür er arbeite, und weil er jemand hätte, der sein ganzes Leben ausfülle.

„Ja –", sagte Georg bloß und verstummte sofort wieder. Ich hatte den Eindruck, daß es etwas gab, worüber er sich nicht äußern wollte, nämlich seine wirtschaftliche Lage.

Ich kann nicht leugnen, daß ich mich etwas wunderte. Gewiß war die Stellung eines Verkäufers in einer Eisenhandlung nicht gerade so glänzend, daß man dabei reich werden konnte. Aber verschiedene Kleinigkeiten deuteten doch darauf hin, daß Georg und Lisbeth ein mehr als bescheidenes Leben führten. Ich hatte das Gefühl, daß Georg Not litt. Er wirkte einfach ärmlich.

Natürlich mochte ich nicht fragen. Vielleicht würde ich die Lösung dieses Rätsels eines Tages ganz von selber erfahren.

Als Lisbeth mit roten Backen und blanken Augen aufwachte, schlug ich einen Kinobesuch vor. Ich wußte, wo gerade ein lustiger Zeichentrickfilm lief.

Obwohl Lisbeths Bettzeit längst überschritten war, nahm Georg meine Einladung an. Heute war Lisbeths Tag. Wir mußten in ihn alles hineinpressen, was ihr Freude und Vergnügen bereiten konnte.

Als wir dann in einem Taxi in die Vorstadtstraße fuhren, von der ich nie in meinem Leben etwas gehört hatte, schlief Lisbeth, den Kopf an meine Schulter geschmiegt.

Der Fernsprecher läutete.

„Kann ich Fräulein Sagen sprechen?“

„Ist am Apparat.“

„Mein Name ist Carl Lövold. Man hat Sie mir als Dolmetscherin empfohlen. Könnten Sie sich einen Tag für mich freihalten?“

„Ja – –“ antwortete ich zögernd. „Gewiß könnte ich das. Aber um was – – –“

„Die Sache ist die, daß ich den Besuch eines Geschäftsfreundes erwarte. Er ist Portugiese und spricht außer seiner Muttersprache nur noch etwas Französisch. Ich selber muß gestehen, daß meine französischen Sprachkenntnisse äußerst gering sind. Portugiesisch verstehe ich überhaupt nicht. Ich habe mit meinem Geschäftsfreunde einige Verhandlungen zu führen und werde ihn wahrscheinlich einladen müssen, irgendwo mit mir zu essen. Könnten Sie als Dolmetscherin dabeisein?" Ich mußte lächeln. Was für merkwürdige Aufträge man doch bisweilen bekam! Aber weshalb nicht? Herrn Lövolds Stimme klang ungewöhnlich sympathisch. Und es war doch schließlich eine kleine Abwechslung. Auf der Schreibmaschine tippen konnte ich immer noch mehr als genug. Und vielleicht fand sich eine Gelegenheit zu einer kleinen privaten Plauderei mit dem Portugiesen. Wie lustig, wenn wir am Ende gar gemeinsame Bekannte hatten!

Ich suchte meiner Stimme einen geschäftsmäßigen Klang zu verleihen.

„Jawohl. Das ließe sich machen. Wann soll ich kommen und wohin?"

Wir vereinbarten Zeit, Ort und Honorar. Ich nannte eine hübsche runde Summe, als er mich fragte, wieviel ich verlange. Er sollte das Gefühl haben, daß meine Zeit kostbar wäre.

Er schien sich über meine kecke Forderung gar nicht zu wundern. Er sagte nur: „Einverstanden!" und wiederholte dann: „Also um eins."

Ich war in einem neuen weißen Kostüm und mit dem Bananenhut auf dem Kopfe pünktlich zur Stelle.

Ich hatte ein leichtes Herzklopfen, als ich auf das Grandhotel zuschritt, wo ich Herrn Lövold treffen sollte.

Angenommen, er war ein ekelhafter alter Fettkloß, der nur deshalb bei mir angerufen hatte, weil ihm irgendwie zu Ohren gekommen war, ich wäre jung und mache eine gute Figur, und weil er auf seinen Geschäftsfreund mit einer jungen, gut aussehenden Begleiterin Eindruck machen wollte!

Ich hätte mir das Herzklopfen sparen können. Herr Lövold machte einen so guten Eindruck, daß man sich überall mit ihm zusammen sehen lassen konnte. Er mochte Anfang der Dreißiger sein und war ziemlich groß, breitschultrig und tadellos angezogen. Er hatte vollendete Umgangsformen und eine Stimme, die ohne die leichte Verfälschung durch den Fernsprecher noch sympathischer klang.

Er machte keinen Versuch, mir irgendwelche Artigkeiten zu sagen, während wir auf den Portugiesen warteten. Er war höflich und liebenswürdig, aber völlig sachlich. Er gefiel mir.

Und dann kam der kleine, schwarzäugige Portugiese. Die beiden Herren tauschten in einem höchst mangelhaften Französisch ein paar allgemeine Bemerkungen aus, worauf ich mich einschaltete und ihnen über alle Schwierigkeiten hinweghalf.

Herr Lövold besaß in Bergen ein größeres Geschäft, das sich mit der Ausfuhr von getrockneten Fischen befaßte. Die beiden Herren verhandelten über grauenhaft langweilige Dinge.

Ich gewann einen tiefen Einblick in das Geheimnis des Großhandels mit getrockneten Fischen, und sehr schnell ging es mir auf, daß Herr Lövold auf diesem Gebiet ein mächtiger Mann war. Er schien sehr wohlhabend und ein tüchtiger Geschäftsmann zu sein.

Als die Verhandlungen abgeschlossen waren, lud er den Portugiesen zum Essen ein. Nun wurde die Unterhaltung lebhafter, wozu die auserlesenen Speisen und vortrefflichen Weine wohl nicht wenig beitrugen. Plötzlich schienen die beiden Herren die Entdeckung zu machen, daß ich nicht nur eine Art Sprechautomat, sondern auch eine ganz annehmbare Vertreterin des schwachen Geschlechts war. Ich bekam sowohl auf norwegisch wie auf portugiesisch allerlei Artigkeiten zu hören, hielt es aber nicht für erforderlich, sie aus der einen Sprache in die andere zu übersetzen.

Endlich erklärte der Portugiese, er müsse sich nun leider verabschieden, da er noch eine Verabredung habe. Wir stiegen in Herrn Lövolds Wagen, mit dem er von Bergen gekommen war, und brachten den Portugiesen zur Untergrundbahnstation.

„Das wäre erledigt!“ sagte Herr Lövold lächelnd, als sein Geschäftsfreund abgefahren war. „Vielen Dank für Ihre Hilfe, Fräulein Sagen! Was hätte ich ohne Sie wohl machen sollen?“

Es war ein wundervoller Maiabend.

So kam es, daß wir nach Bygdö fuhren.

Die Luft war weich und mild. Über den Bäumen hingen die ersten hauchdünnen hellgrünen Schleier.

Als wir an unserem Ziel anlangten, wären wir beinahe in eine Schar von Kindern hineingefahren, die einen Ausflug gemacht hatten.

Es waren sehr kleine Kinder mit Butterbrotdosen und Milchflaschen. Manche von ihnen sahen müde und verdrossen aus. Sie hatten wohl einen langen, anstrengenden Tag hinter sich.

Plötzlich zuckte ich zusammen.

„Lisbeth!"

Lisbeth wandte sich um. Ihr Gesicht strahlte.

„Steffi! Guten Tag! Und vielen Dank noch für alles!" Ihre warme kleine Hand schob sich in meine und drückte sie.

„Machst du einen Ausflug, Lisbeth?"

„Ja. Wir haben Leberblumen gepflückt. Sieh den Strauß hier! Den soll Vater haben. Er ist krank."

„Was sagst du? Vater ist krank? Liegt er zu Bett?"

„O nein. Er ist jeden Tag im Geschäft. Aber er legt sich hin, sobald wir gegessen haben. Er sagt, er wird bald wieder gesund. Es ist nichts von Bedeutung."

Die Kinder sollten auf die Fähre. Eine „Tante" oder „Schwester", oder was sie nun war, rief und kommandierte und trieb die Kinder zur Eile an, bis sie sie endlich alle glücklich an Bord hatte. Ich hatte gerade noch Zeit, Lisbeth schnell die Hand zu drücken und ihr einen Gruß an den Vater aufzutragen.

Ich blickte ihr nach, als sie auf die Fähre ging, und sah sie dann in ihrer abgetragenen Matrosenbluse an der Reling stehen. Für einen Tag wie diesen mußte ihr Kleid viel zu schwer und zu warm sein.

Inzwischen hatte Carl Lövold in dem Restaurant Champagner und Kaviar bestellt. Ich war daran gewöhnt, gut zu essen und zu trinken. Ich kannte es nicht anders. Aber noch nie in meinem Leben hatte ich darüber nachgedacht, was für einen Wert das Geld darstellte, das man für Champagner und Kaviar bezahlen mußte. Es kam dabei eine Summe heraus, die zum Beispiel ausgereicht hätte, um dafür ein Paar Schuhe und ein Sommerkleid für Lisbeth zu kaufen – oder auch die Schlafzimmervorhänge, die sie und Georg so gern gehabt hätten.

„Zum Wohle unseres Freundes, des Portugiesen!" sagte Carl Lövold, sein Glas erhebend. „Ich bin ihm wirklich dankbar."

„Dazu haben Sie wohl auch alle Ursache", sagte ich. „Sie haben mit ihm ja genauso abgeschlossen, wie Sie es gewünscht hatten."

„Daran dachte ich in diesem Augenblick eigentlich nicht", sagte er lächelnd. „Aber schließlich habe ich es ihm doch zu verdanken, daß ich Sie kennengelernt habe. Zum Wohl!"

Ich gab auf diese Artigkeit keine Antwort. Im stillen aber widmete auch ich dem kleinen dunkelhäutigen Portugiesen einen freundlichen Gedanken. Carl Lövold war ein Mann, der einem schon gefallen konnte.

Wir tanzten, und er tanzte gut.

Schließlich stellte er die Frage, die kommen mußte. Woher ich meine Sprachkenntnisse hätte. Ich erzählte es ihm. Carl Lövold war viel in der Welt herumgekommen. Wir entdeckten eine Menge Anknüpfungspunkte. Wir schwärmten beide für dieselben Gemälde im Louvre und in der Pinakothek, wir hatten beide ergriffen vor dem Kölner Dom und vor der Westminsterabtei gestanden.

An Gesprächsstoff fehlte es uns nicht.

Als wir durch die weiche Maiennacht in die Stadt zurückfuhren, fragte Carl Lövold, ob wir uns nicht einmal wiedersehen könnten. Ich erwiderte, ich würde mich sehr freuen. Er sagte, er käme oft nach Oslo. „Und", fügte er lächelnd hinzu, „ich glaube nicht, daß ich in Zukunft seltener herkommen werde als bisher." Mein letzter Gedanke aber vor dem Einschlafen galt nicht Carl Lövolds männlich schönem Gesicht, sondern der kleinen Lisbeth in dem abgetragenen Matrosenkleide. Ich nahm mir fest vor, gleich morgen nach Grünerlökken zu fahren und mich davon zu überzeugen, wie es Georg ging.

Als ich aufwachte, war ich noch immer fest entschlossen, Georg und Lisbeth am Nachmittag zu besuchen. Sie aßen um sechs. Ich ging also wohl am besten so gegen sieben zu ihnen. Ich besorgte allerlei Feingebäck, ein paar Stück Torte und ganz besonders lecker aussehende kleine Kuchen. Nachdem ich noch eine Tüte Konfekt für Lisbeth erstanden hatte, konnte ich mich beruhigt wieder an meine Schreibmaschine setzen.

Ich hatte noch nicht sonderlich viel geschafft, als es klingelte und ein Laufjunge mir einen Brief und einen Blumenstrauß brachte. Es waren wundervolle dunkelrote Nelken. Ob ich wohl Lust hätte, am Abend in die Premiere des Nationaltheaters zu gehen?

Der Kampf in meiner Brust war von kurzer Dauer. Ich dachte wohl an Georg und Lisbeth. Aber ich konnte ja ebensogut am nächsten Tage zu ihnen gehen.

Ich rief Carl Lövold in seinem Hotel an, dankte ihm für die Blumen und sagte, ich würde gern ins Theater gehen.

Es wurde ein großartiger Abend.

„Leider muß ich am Samstag heimfahren", sagte Carl Lövold, als wir uns trennten. „Ich habe also noch vier

Tage. Sie lassen mich doch hoffentlich an diesen vier Tagen nicht im Stich?“ Ich hatte nicht das geringste dagegen, noch weitere so wundervolle Abende zu verleben.

Wir tanzten im Bristol, gingen ins Varieté, aßen gut und teuer; und am letzten Abend waren wir bei mir zu Hause. Erna – in Schwarz und Weiß – trug die fremdländischen Gerichte auf, die sie nach meinen Anweisungen zubereitet hatte. Es gab Oliven, Maiskolben, stark gewürzte Speisen und guten Wein. Ich war noch nie in Gefahr gewesen, den Kopf oder das Herz zu verlieren. Diesmal, fühlte ich, war ich nahe daran.

„Steffi!“ sagte Carl. „Ich komme wieder. Ich komme bald wieder. Du wirst mich doch inzwischen nicht vergessen? Könntest du mir nicht hin und wieder ein paar Zeilen schreiben?“

„Vielleicht“, sagte ich.

„Und noch eins, Steffi. Ich habe meinen Wagen in einer Garage untergestellt. Er soll bis zum nächsten Male hierbleiben. Du kannst ihn benutzen, sooft du willst. Hier ist der Schlüssel.“

Mir fuhr ein Gedanke durch den Kopf: Lisbeth! Ich würde mit ihr einen Tagesausflug machen – mit Eßkorb und Limonadenflaschen und allem, was dazu gehörte. Es sollte das große Erlebnis ihres Lebens werden!

Ich nahm den Wagenschlüssel.

„Willst du es wirklich wagen, ihn mir anzuvertrauen? Ich dachte, jeder Autobesitzer – –“

„Dir wage ich alles anzuvertrauen“, sagte Carl. Seine Stimme war weich und sanft.

Heute *wollte* ich zu Lisbeth gehen.

Wieder besorgte ich Kuchen und dazu Schokolade und Apfelsinen. Um sechs wollte ich aufbrechen.

Aber da läutete das Telefon. Es war mein Verleger. Ob ich sofort zu ihm kommen könne. Es handele sich um eine eilige Arbeit.

„Ja. Selbstverständlich."

Es war eine wahre Schinderei. Zu Hause machte ich mich sofort an die Arbeit. Um eins konnte ich nicht mehr und sank todmüde ins Bett. Ich hatte keine Zeit gehabt, etwas zu essen; aber jetzt merkte ich, wie hungrig ich war. Ich aß Lisbeths Kuchen und zwei Apfelsinen.

Ich schlief sofort ein.

Den Besuch bei Lisbeth mußte ich auf ein andermal verschieben.

Je länger die Arbeit sich hinzog, desto verzagter wurde ich.

Am Anfang – als ich für Rambech zu arbeiten begonnen hatte – war mir alles so einfach vorgekommen. Aber schon bald ging es mir auf, wie kläglich wenig ich wußte. Gewiß: Mein Verleger war mit mir zufrieden; aber er ahnte nicht, wie es in Wahrheit um meine Kenntnisse stand. Ich konnte allerlei Sprachen. Doch nur, soweit es sich um Ausdrücke des Alltagslebens handelte. Sobald in den zu übersetzenden Büchern etwas von Geschichte,

Kulturgeschichte, Geographie – von Physik, Technik, Astronomie, Naturgeschichte ganz zu schweigen – vorkam, wurde ich mir der vielen Lücken in meinem Wissen bewußt. Wenn Herr Rambech geahnt hätte, wie viele Nachschlagewerke und Lexika ich für meine Arbeit benötigte!

Oft kam mir der Gedanke, wie schade es doch sei, daß ich keinen richtigen Schulunterricht genossen hatte. Zwar war es mir wie durch ein Wunder geglückt, eine Art Mittelschulexamen zu bestehen. Aber wie herrlich wäre es gewesen, wenn ich das Abitur gemacht, vielleicht gar studiert hätte!

Eins war jedenfalls sicher: Die Arbeit fiel mir viel schwerer als am Anfang, wo ich verhältnismäßig leichte Bücher zu übersetzen gehabt hatte, bei denen es in erster Linie darauf angekommen war, daß ich meine Muttersprache beherrschte. Natürlich hatte ich mit der Zeit Übung bekommen; aber das nützte herzlich wenig, wenn es sich um Dinge handelte, die über das Alltägliche hinausgingen. Dann quälte ich mich ab und schwitzte über meinen Nachschlagewerken.

Und alle Augenblicke läutete das Telefon. Es läutete, wenn ich mitten in der Arbeit war, es läutete spät am Abend und früh am Morgen – es läutete, wenn ich unter der Dusche stand, es läutete, wenn ich zu Mittag aß, es läutete, wenn ich schlief, und immer hieß es: „Sie werden aus Bergen verlangt!"

Beinahe jeden Tag rief Carl an. Jeden Samstag schickte er mir Konfekt oder Blumen. Je mehr Zeit verging, desto mehr freute ich mich darauf, ihn wiederzusehen.

Im Grunde wußte ich recht wenig von ihm. Er hatte mir erzählt, er habe sich scheiden lassen. Er besaß eine Villa bei Bergen, ein Sommerhaus am Meer und eine Hütte im Gebirge. Eines Tages besuchte mich Anne-Grete. Ich lud sie zu einer kleinen Spritzfahrt mit Carls Wagen ein. Ich war schon lange nicht mehr gefahren und hatte zuerst etwas Angst; aber das gleichmäßige Summen des Motors, die leichte Steuerung und die glatte, lautlose Gangschaltung bewirkten, daß ich mich schon bald sicher fühlte. Es war ein wundervoller kleiner Ausflug, und Anne-Grete gestand, daß ihr der Wagen mächtig imponiere.

Ich erzählte ihr von Carl. Sie hörte mit großem Interesse zu. Anne-Grete hatte selber einen Freund, an dem sie sehr hing.

„Du hast ein unverschämtes Glück, Steffi", sagte sie lachend, als ich geendet hatte. „Wenn schon einmal eine Mannsperson auf dich Eindruck macht, dann muß es natürlich gleich eine mit einer Stadtvilla, einem Sommerhaus und einem Luxusauto sein. Ist er ebenso sympathisch wie reich?" – „O ja", antwortete ich.

„Und eine Berghütte besitzt er auch noch?" sagte Anne-Grete. Vielleicht dachte sie an ihren Erkorenen, der in irgendeinem Büro saß und dreihundert Kronen im Monat verdiente. „Du verstehst es! – Ich hoffe, du wirst Geilo deshalb doch nicht für dieses Jahr schießen lassen?"

Anne-Grete und ich pflegten im Sommer immer nach Geilo zu fahren und unsere Ferien in der Berghütte zu verleben, die Vater gemietet, aber nie selber betreten hatte.

„Natürlich nicht!" beruhigte ich Anne-Grete. „Du kommst doch wieder mit?"

„Ja, gern – das weißt du ja –", sagte Anne-Grete.

Sie sparte für ihre Aussteuer und war daher sehr froh, auf diese Weise zu einem kostenlosen Ferienaufenthalt zu kommen. Übrigens verstanden wir uns beide ganz ausgezeichnet.

Der Ausflug mit Anne-Grete hatte mich auf den Geschmack gebracht. Ich benutzte von jetzt ab den Wagen täglich und hatte mich schon bald daran gewöhnt, ihn sicher durch den Großstadtverkehr zu lenken. In Lissabon war ich viel gefahren, und es machte mir Spaß, feststellen zu können, daß ich meine alten Künste noch nicht verlernt hatte. Jetzt wollte ich aber auch endlich einmal Lisbeth mitnehmen.

Ich hatte, offen gestanden, in den letzten Wochen nicht eben viel an sie gedacht. Carl, das Auto und meine Arbeit hatten meine ganze Zeit beansprucht. Es war jetzt drei Wochen her, daß er in der Stadt gewesen war. Wann er wohl wiederkam?

Eines Nachmittags fuhr ich nach Grünerlökken hinaus. Nach einigem Suchen und Fragen fand ich glücklich das Haus wieder, in dem Lisbeth wohnte.

Georg öffnete. Ich bekam einen Schreck, als ich ihn erblickte. Er sah sehr schlecht aus. Er war noch magerer geworden, und seine Augen lagen noch tiefer in ihren Höhlen und hatten einen fiebrigen Glanz.

„Ja, was sehe ich – –" sagte Georg. Auf seinen Wangen brannten zwei rote Flecken. „Bitte, Steffi, tritt näher! Aber du mußt entschuldigen – es sieht hier ziemlich unordentlich aus – ich bin in der letzten Zeit nicht recht beieinander gewesen – –"

„Aber, Georg!“ sagte ich. „Deshalb brauchst du dich doch nicht zu entschuldigen! Die Hauptsache ist: wie geht es dir? Bist du bei einem Arzt gewesen?“

„Was sollte ich bei einem Arzt? Das geht schon wieder vorüber. Ich bin nur – – etwas erkältet und frühlingsmüde. Es ist nicht der Rede wert. Komm nur herein, Steffi!“

Er öffnete die Tür zu einer kleinen Stube. Die Möbel waren abgenützt und armselig. Die Vorhänge bedurften einer Erneuerung. Das Fenster stand offen. Es war glühend heiß draußen, und es atmete sich schwer.

Georg blickte auf eine Tür.

„Komm mal herein, Lisbeth. Wir haben Besuch bekommen.“

Gleich darauf kam sie herein, die kleine Lisbeth. Sie trug wieder die alte Matrosenbluse und hatte statt einer Schürze ein Küchenhandtuch vorgebunden.

Ihr ganzes Gesicht strahlte, als sie mich sah.

„Wie schön, Steffi, daß du gekommen bist! Wir glaubten schon fast, du hättest uns vergessen.“

Was für ein schlechtes Gewissen ich hatte! Es ließ sich nicht leugnen: auf eine Art hatte ich sie tatsächlich vergessen. Gewiß hatte ich mir hin und wieder wegen meiner Treulosigkeit Selbstvorwürfe gemacht, anfangs hatte ich mich auch wirklich nach einem Wiedersehen mit Lisbeth gesehnt; aber nach einiger Zeit hatte ich nur noch leichte Gewissensbisse gespürt, wenn ich an sie dachte.

Als sie jetzt aber vor mir stand, ihre wundervollen braunen Augen auf mich gerichtet, das Handtuch als Schürze vorgebunden, das süße bleiche Gesicht von dem wirren, halblangen Haar umrahmt – da überkam mich wieder genau das gleiche Gefühl wie an jenem Tage, als ich sie zum ersten Male sah. Ich hätte selber nicht sagen können, was es eigentlich war, aber ich fühlte einen unwiderstehlichen Drang, mich Lisbeths anzuzunehmen, sie zu hegen und zu pflegen, ihr Geschenke zu machen, ihr Freude zu bereiten. Später habe ich begriffen, daß es der ganz normale Mutterinstinkt war, der in jeder Frau schlummert und der nun gewaltsam aus mir hervorbrach.

Kleine, kleine Lisbeth!

Ich brachte mein Anliegen vor. Ob Lisbeth mit mir am nächsten Tage einen Ausflug im Auto machen wolle? Ob ich sie den ganzen Tag für mich haben dürfe?

Lisbeths Augen wurden noch größer.

„Im Auto fahren – den ganzen Tag – und nur mit dir?"

„Ja. Nur du und ich."

„Und der Chauffeur", sagte Lisbeth.

„Nein. Kein Chauffeur", erklärte ich. „Nur du und ich. Ich fahre selber, weißt du?"

Lisbeth war sprachlos. Ihre Augen glänzten wie zwei Sterne.

Plötzlich schien der Glanz gleichsam zu verlöschen.

„Aber um sechs muß ich zu Hause sein, Steffi. Vater ist nicht ganz wohl, und ich muß ihm helfen."

Georg streckte die Hand aus, als wollte er ihr über das Haar streichen. Aber im letzten Augenblick schien er sich zu besinnen und zog die Hand wieder zurück.

„Nein, weißt du was, Lisbeth? Ich denke, ich werde morgen im Gasthaus essen. Dann brauchen wir nicht abzuwaschen. Ich gehe nach dem Essen gleich heim und lege mich ins Bett. Wenn du dann nach Hause kommst, erzählst du mir alles, was du erlebt hast. Wird das nicht fein?“

Nach kurzem Besinnen ging Lisbeth auf diesen Vorschlag ein. Dann begaben wir uns alle drei nach unten, um das Auto zu besichtigen. Ich lud Georg und Lisbeth zu einer kleinen Probefahrt ein.

Als wir eine halbe Stunde später wieder oben versammelt waren, sagte Lisbeth: „Jetzt muß ich aber schnell abwaschen!“ Damit verschwand sie durch die Tür, die, wie ich richtig vermutete, in die Küche führte.

„Lisbeth ist so unglaublich tüchtig“, sagte Georg. „Sie besorgt jetzt jeden Tag das Abwaschen ganz allein.“

Ich betrachtete Georg nachdenklich. Er war ohne Zweifel kränker, als er es eingestehen wollte. Was mochte ihm wohl fehlen? Und konnte er es verantworten, so herumzulaufen, ohne einen Arzt zu Rate zu ziehen und ohne zu wissen, ob seine Krankheit ansteckend war? Wenn er nun Lisbeth ansteckte?

„Laß mich abtrocknen, Lisbeth“, sagte ich.

Nun standen wir beide nebeneinander in der winzigen, dunklen Küche und reinigten mit feierlichen Mienen das schmutzige Geschirr. „Die Tassen hängen immer an den Haken unter dem Wandbrett“, erklärte Lisbeth todernst. „Nein! Das nasse Tuch darfst du nicht an den Nagel hängen. Das kommt dorthin – über den Herd! – Die Gläser kannst du vorläufig auf das Brett stellen. Sie gehören in den Schrank.“

Ich rieb und trocknete ab und räumte auf und dachte dabei, wie ungeheuerlich und widersinnig es doch war, daß ein so kleines Mädchen eine so große Verantwortung tragen und so schwer arbeiten mußte. Lisbeth war ganz unfaßbar tüchtig und ihrem Alter weit voraus. Warum mußte sie in einer finsteren Küche stehen und aufwaschen? Warum rannte sie nicht irgendwo am Meer im Badeanzug über den heißen Sand und bekam braune Wangen? Warum mußte sie so blaß und mager sein? Übrigens sah sie nicht etwa kränklich aus. In der Abwaschwanne entdeckte ich ein großes Milchglas, und auf den Tellern fanden sich noch Gemüsereste. Sie schien gutes, bekömmliches Essen zu erhalten. Aber bleich war sie, viel zu bleich.

„Du findest sicher, daß ich sehr faul bin, Steffi“, sagte Georg, als wollte er sich entschuldigen. „Aber ich fühle mich seit einigen Tagen nicht besonders. Ich brauche meine ganze Kraft für das Geschäft und muß mich daher am Abend etwas ausruhen. Aber das geht bald vorüber. Und dann kann ich schon wieder ordentlich anpacken.“

„Ich wünschte, du gingest zu einem Doktor, Georg“, sagte ich. „Ich wünschte es sowohl um deinet- und um Lisbeths willen.“

Ein Zucken ging über Georgs Gesicht. Aber er nahm sich zusammen.

„Es wird schon wieder besser werden“, sagte er. Ohne mir Zeit zu einer Erwiderung zu lassen, fuhr er schnell fort:

„Was für ein schönes Auto du hast, Steffi. Du hast es geliehen, sagst du?“

Ich merkte, daß ich rot wurde, und ärgerte mich darüber.

„Ja. Von einem meiner Freunde. Er wohnt in Bergen und hat seinen Wagen für einige Zeit hier in einer Garage eingestellt. Er steht mir jederzeit zur Verfügung. Deshalb kann ich auch mit Lisbeth einen Tagesausflug machen.“

„Es ist riesig nett von dir, daß du an Lisbeth gedacht hast. Du kannst dir gar nicht vorstellen, wie glücklich ich darüber bin. Lisbeth hat gar zu wenig Freuden, das arme kleine Ding. Aber wir wollen hoffen – –“

Da er seinen Satz unvollendet ließ, fragte ich nach einer kurzen Pause: „Was macht ihr im Sommer, Georg?“

„Ich pflege Lisbeth in eine Ferienkolonie zu schicken. Sie sträubt sich zwar dagegen, aber in diesem Punkt gebe ich nicht nach. Ich richte es so ein, daß ich Urlaub bekomme, sobald Lisbeth zurück ist. Dann gehen wir jeden Tag zusammen baden und dergleichen. Ende Juni soll sie reisen.“

„Da wirst du sie aber sehr vermissen, Georg.“

Er sah mich nur an. Niemals werde ich diesen Blick vergessen. Er sagte unendlich viel mehr, als Worte hätten ausdrücken können. Sein Blick erzählte von unerträglich heißen Sommertagen, an denen die Stunden qualvoll langsam dahinschlichen und an denen Georg sich dennoch nicht auf den Abend freute. Denn daheim war alles leer und tot. Und es war trübselig und langweilig, für sich allein Essen zu kochen. So begnügte er sich denn damit, in die Küche zu gehen und sich eine Scheibe Brot abzuschneiden. Und er hatte keine Lust, zeitig aufzustehen und, wie sonst, die Milch zu holen. Die Kochplatte blieb leer und unbenutzt auf dem Küchentisch stehen. Und immer, immer erfüllte Lisbeth seine Gedanken. Immer sah er das kleine Gesicht mit den aufmerksamen, klugen braunen Augen vor sich, immer hörte er die ernste kleine Stimme, die so vernünftige Dinge sagte. Und unversehens durchzuckte ihn ein Schreck: wenn ihm nur nichts zustieß, dem kleinen Wesen, das in der Kolonie doch unter lauter Fremden war – – –

Ich brach auf. Wir verabredeten, ich solle Lisbeth früh am nächsten Morgen abholen, bevor Georg ins Geschäft ginge.

Ich war sehr nachdenklich, als ich an diesem warmen Juniabend nach Hause fuhr.

Die Weckeruhr rasselte um sechs. Ich war mit Blitzesschnelle aus dem Bett und legte die letzte Hand an den „Eßkober". Ich hatte schon manchen Picknickkorb gepackt und besaß darin einige Übung. Aber rote Brauselimonade hatte ich noch nie mitgenommen noch auch solche Mengen von Kuchen und belegten Broten. Und dies alles war dazu bestimmt, ein kleines Mädchen in den siebenten Himmel zu versetzen. Es fehlte weder an gebratenem Hühnchen noch an Fleischklößchen, noch an Erdbeeren und einer Flasche Sahne zum Nachtisch. Lisbeth öffnete mir. Sie war fix und fertig, und ihr ganzes Gesicht strahlte.

Ernst und feierlich reichte sie ihrem Vater die Hand.

„Auf Wiedersehen, Vater! Du mußt mir versprechen, daß du eine Menge zu Mittag ißt. Und du brauchst mir nicht aufzumachen, wenn ich zurückkomme. Ich nehme den Wohnungsschlüssel mit."

„Amüsiere dich nur ordentlich, Lisbeth!"

Lisbeth wandte sich zurück und winkte, solange sie ihren Vater sehen konnte.

„Wo wollen wir hin, Lisbeth?"

„Das weiß ich nicht. Irgendwohin, wo ich noch nicht gewesen bin."

„Ja, aber woher soll ich denn wissen, wo du schon gewesen bist?"

„Ich bin nur in der Ferienkolonie gewesen – und auf Bygdö – und einmal war ich am Nordstrand."

„Du bist also noch in keiner anderen Stadt gewesen als in Oslo?"

„Nein."

„Gut. Dann fahren wir eben in eine andere Stadt." Lisbeth klatschte vor Freude in die Hände.

Der Wagen glitt schnell dahin: erst den Drammensweg hinunter, dann neben der Westbahn her. Wir hatten eine ganz hübsche Geschwindigkeit.

Es schien ein überaus heißer Tag werden zu wollen.

„Du mußt dich melden, Lisbeth, wenn du Durst bekommst. Ich habe Brauselimonade mitgenommen. Ich glaube auch, du tätest gut daran, wenn du den Mantel auszögest. Sonst schmilzt du mir noch ganz weg." Lisbeth lachte. Sie war es nicht gewohnt, daß man mit ihr scherzte.

„Ich kann doch gar nicht schmelzen – Menschen können doch nicht einfach wegschmelzen wie Eis!"

„Bist du auch ganz sicher? Ich glaube, du hast es mit der Angst gekriegt. Meinst du nicht, du könntest bei dieser Hitze einfach verschwinden und bloß einen kleinen nassen Fleck auf dem Boden des Wagens zurücklassen?"

Nun lachte Lisbeth aus vollem Halse. Die feierliche, erwartungsvolle Stimmung war verflogen, und sie gab sich ganz frei und unbefangen. Munter plauderte sie über alles, was sie entdeckte. Sie jauchzte über ein Fohlen und ein paar kleine Kälber; sie zupfte mich am Ärmel, um mich auf ein Pferd aufmerksam zu machen, das einen „furchtbar komischen kleinen Wagen mit Fahrrädern" zog. Es war ein Traber, der einem Training unterzogen wurde. Einmal sahen wir ein paar kleine Mädchen mit kurzen, weiten Leinwandhosen und dreieckigen Tüchern.

„Puh! Wie ist es doch warm!" seufzte Lisbeth.

Gegenüber einem Vorortbahnhof entdeckte ich eine Stoffwarenhandlung. Wir hatten Glück. Ich fand einen Luftanzug, der Lisbeth ausgezeichnet paßte, und dazu ein Paar kleine Segeltuchschuhe.

Lisbeth reichte mir feierlich die Hand.

„Vielen, vielen Dank, Steffi! Wie bist du doch nett! Niemand ist so freigebig wie du!"

„Nicht übertreiben, Lisbeth! Es macht mir Spaß, etwas zu kaufen. Das ist alles."

Lisbeth betrachtete mich ernst und aufmerksam.

„Aber du findest sicher, daß es am meisten Spaß macht, etwas für andere zu kaufen. Und darum bist du nett."

Ich schämte mich. Noch nie zuvor in meinem Leben hatte ich gefunden, daß es Spaß mache, für andere etwas zu kaufen. Natürlich hatte ich Geburtstagsgeschenke gemacht – und Weihnachtsgeschenke –, und hin und wieder einmal hatte ich wohl auch etwas „Mildtätigkeit" geübt. Aber noch nie hatte ich eine so unbändige Freude am Schenken gehabt wie jetzt, da es Lisbeth galt.

Sie zog sich im Hinterzimmer des Geschäfts um. In der kurzen kleinen Hose und mit dem bloßen Rücken sah sie bezaubernd aus. Schade nur, daß ihre Haut gar zu weiß war.

„Nun müssen wir sehen, daß du etwas Farbe bekommst, Lisbeth“, sagte ich.

Auf einer bewaldeten Anhöhe frühstückten wir. Die Brote mit Brathuhn, die Kuchen und die Erdbeeren mit Sahne machten auf Lisbeth einen überwältigenden Eindruck. Sie hatte einen gesegneten Appetit und ließ sich alles schmecken ohne die geringste Rücksicht auf die Reihenfolge. Es machte Spaß, ihr zuzusehen. Ich selber hatte längst die Waffen gestreckt. Ich lag bequem auf der Wagendecke, die ich über das Gras gebreitet hatte, rauchte eine Zigarette und amüsierte mich über Lisbeths erstaunliche Leistungsfähigkeit.

Plötzlich legte sie das Butterbrot, das sie gerade zum Munde führte, aus der Hand. Es war das letzte mit Brathuhn.

„Steffi! Kann ich dieses Brot nicht für Vater aufheben und es ihm mitbringen?“

„Natürlich kannst du das“, sagte ich. „Aber du kannst es auch ruhig selbst essen. Wir kaufen etwas Gutes in Drammen, und das bringst du dann deinem Vater mit.“ Sie führte das Butterbrot abermals zum Munde, zögerte einen Augenblick und legte es dann auf das Papier zurück.

„Weißt du – wenn – –“ sie krauste die kleine Stirn und dachte angestrengt nach. Sie wußte offenbar nicht recht, wie sie sich ausdrücken sollte.

„Weißt du – wenn – wenn wir etwas anderes für Vater kaufen, dann ist das gleichsam von dir – aber dieses Butterbrot gehört doch mir – denn du hast doch gesagt, alles, was im Korb ist, gehört mir?“

„Das tut es auch.“

„Ja – und ich – ich würde es gern essen“, sagte Lisbeth ehrlich. „Ich habe noch nie etwas so Gutes gegessen. Aber wenn ich es nicht esse, wenn ich es auch gern essen würde – dann ist es doch eigentlich ein Geschenk von mir und nicht von dir. Meinst du nicht auch?“

Ich konnte nicht gleich antworten. Ich mußte erst ein paar kräftige Züge an meiner Zigarette tun, bevor der Klumpen in meinem Halse hinuntergerutscht war.

„Gewiß“, sagte ich. „Hier hast du eine Papierserviette. Wickele das Brot gut ein. Und wenn du Vater noch etwas anderes mitbringen willst, so weißt du ja, daß alles, was im Korb ist, dir gehört.“

Lisbeth wählte etwas Feingebäck und ein paar Kekse aus und wickelte alles in Papier ein. Das Brot mit dem Brathuhn bekam eine besondere Serviette.

Dann überprüfte sie die Reste, die sich noch im Korb befanden.

„Es ist noch eine Menge da“, sagte sie. „Das reicht für das Mittagessen.“

„Daran brauchst du nicht zu denken“, beruhigte ich sie. „Wir essen in Drammen.“

„Bei wem denn?“

„In einem Restaurant oder Hotel – warte mal – wir können nach Konnerudkollen fahren –, da gibt es ein Hotel mit viel Sonne und einer schönen Aussicht. Das wird dir gefallen.“

Lisbeth wickelte das Kuchenpaket wieder auf und fügte dem Inhalt noch ein paar Stücke Feingebäck hinzu.

„Vater kann froh sein, daß er dich hat, Lisbeth“, sagte ich.

Lisbeth blickte mich ruhig an. Sie schien diese Worte schon öfter gehört zu haben.

„Ich kann froh sein, daß ich Vater habe“, sagte sie. Es klang, als sagte sie das nicht zum ersten Male.

„Vater hat dich schrecklich lieb, Lisbeth.“

„Ich habe Vater auch schrecklich lieb.“

„Wen hast du denn sonst noch lieb?“

„Tante Ruth im Kindergarten – und Fräulein Tollefsen – –“

„Wer ist denn das?“

„Die Milchfrau. Sie ist riesig nett, kann ich dir sagen. Und sie hat im Hinterzimmer eine Katze. Die ist mächtig dick und fett, weil sie eine solche Menge Milch bekommt, und sie ist sehr nett, denn sie kratzt nicht, und manchmal hat sie Junge, und ich darf mit ihnen spielen.“

„Dann hast du die Katze wohl auch lieb?“

„Ja – ja, das habe ich –, aber, weißt du, es ist doch nicht dasselbe, wenn man ein Tier liebhat.“

Das gab ich zu.

„Und Großmutter habe ich auch ein bißchen lieb, denn sie schickt zu Weihnachten immer ein Geschenk für mich, und an meinem Geburtstag trägt sie immer fünf Kronen für mich auf die Sparkasse.“

„Warum hast du sie denn nur ein bißchen lieb?“

„Ja, weißt du, ich kenne sie doch eigentlich gar nicht. Sie wohnt sehr weit weg, und ich habe sie nur einmal gesehen, aber daran kann ich mich gar nicht mehr erinnern, denn ich war damals noch sehr klein. Aber, ich glaube, ich habe sie trotzdem lieb, denn sie ist ja meine Großmutter“, belehrte Lisbeth mich altklug.

„Dann sind es also im ganzen vier Menschen, die du liebhast: Vater und Tante Ruth und Fräulein Tollefsen und Großmutter –“

„Ja. Und mit dir sind es fünf“, sagte Lisbeth so ruhig und selbstverständlich, als hätte ich nicht seit ein paar Minuten mit klopfendem Herzen dagesessen und voller Spannung darauf gewartet, ob ich wohl auch mit auf die Liste kommen würde.

„Hast du mich denn auch lieb, Lisbeth?“

„Das weißt du doch! Ich habe dich furchtbar lieb, das kannst du glauben.“

Ich konnte mich nicht länger beherrschen. Ich mußte meine Arme um sie legen und sie einen kurzen Augenblick an mich drücken.

„Ich habe dich auch furchtbar lieb, Lisbeth!“

Lisbeth sah mich verwundert an. Sie erwiderte meine Liebkosung nicht. Und der verwunderte Blick galt sicherlich nicht meiner kleinen Liebeserklärung – die war ganz einfach und selbstverständlich für sie –, sondern der merkwürdigen Tatsache, daß ich sie an mich gedrückt hatte. Sie schien das nicht zu schätzen.

Ich fühlte mich beinahe ein wenig beschämt. Schnell stand ich auf und begann zusammenzupacken.

„Wollen wir weiter, Lisbeth?“

„Ich bin so satt, daß ich kaum aufstehen kann“, lachte Lisbeth.

Dann ging die Fahrt weiter, und schließlich waren wir in Drammen. Ich suchte einen Parkplatz, verschloß den Wagen, und dann machten Lisbeth und ich auf ein paar Stunden die Stadt unsicher.

„Eigentlich ist es hier genauso wie in Oslo“, meinte Lisbeth. „Aber es ist doch fein, daß es eine andere Stadt ist.“ Sie betrachtete jeden Laden, jedes Haus – von der Brücke gar nicht zu reden – mit großen, staunenden Augen.

Wir gingen in ein paar Geschäfte und kauften einige Kleinigkeiten. Ich gönne es Lisbeth, daß sie nun eine kleine Handtasche besaß, die nicht aus Oslo stammte und auf die sie daher sehr stolz war. Wahrscheinlich würde sie sie den Kindern ihrer Straße zeigen, und wahrscheinlich würde sie mit demselben Tonfall, mit dem ein Erwachsener etwa so ganz nebenbei bemerkt: „Das habe ich aus Marokko mitgebracht!“ zu ihnen sagen: „Diese Tasche habe ich bekommen, als ich in Drammen war.“

Am Nachmittag fuhren wir nach Konnerudkollen.

Lisbeth wagte vor lauter Ehrfurcht nur zu flüstern, als wir durch den großen Speisesaal gingen und nach einem freien Tisch Ausschau hielten. Eine ganze Reihe von Tischen war von ausländischen Touristen besetzt, die man sofort an ihren Ferngläsern, Kameras und dem sonstigen Zubehör erkannte.

Ich war heilfroh, als wir das anstrengende Lachs-Huhn-Erdbeeren-Menü glücklich hinter uns hatten. Lisbeth genoß natürlich alles bis zur Neige.

„Wir werden nachgerade an die Heimfahrt denken müssen, Lisbeth“, sagte ich. „Dein Vater ist wohl schon zu Hause, und ich denke mir, er wird sich nach dir sehnen.“

Lisbeth machte große Augen, als ich das Essen bezahlte. „Eine solche Masse Geld!“ sagte sie leise. „Das ist ebensoviel wie unsere Wohnungsmiete – wenn nicht mehr!“

„Du verstehst wohl noch nicht soviel vom Geld", sagte ich lachend. Aber da schlug mir das Gewissen. Unzählige Male hatte ich an Gastereien teilgenommen, bei denen erheblich größere Summen draufgegangen waren; aber ohne Lisbeths Bemerkung wäre es mir nie in den Sinn gekommen, daß man dafür ebensoviel bezahlte wie eine kleine Familie für die Monatsmiete ihrer bescheidenen Wohnung.

Ich hatte von Lisbeth viel zu lernen.

Wir kletterten in den Wagen. Ich hüllte Lisbeth in eine Decke und überzeugte mich, daß alles in Ordnung war. Dann drückte ich auf den Anlasser.

„Ätsch – puh", sagte er.

Noch einmal.

„Sssch!" sagte der Motor.

„Na!" sagte ich.

Lisbeth wurde aufmerksam: „Ist etwas entzwei, Steffi?"

„Ich weiß nicht. Wir werden sehen."

„Aber wir kommen doch heute noch nach Hause?"

„Aber gewiß doch! Nach Hause kommen wir. Habe nur keine Angst!"

„Wenn das Auto aber nicht fahren will?"

„Dann fahren wir mit der Eisenbahn. Aber sei nun lieb, Lisbeth, und werde nicht ungeduldig. Ich muß die Sache untersuchen."

Lisbeth gehorchte und verhielt sich ruhig.

„Untersuchen" hatte ich gesagt. Aber ich hatte keine Ahnung, was ich untersuchen und wo ich mit dem Untersuchen beginnen sollte. Ich muß nämlich gestehen, daß es mir nicht anders geht als den meisten autofahrenden

Frauen. Ich kann gut steuern, die Gänge schalten und auf die Pedale treten – der Frage aber, was im Innern des Autos vorgeht und wie es kommt, daß es sich bewegt, habe ich noch nie einen Gedanken geopfert.

Ich weiß wohl, daß es einzelne großartige Frauen gibt, die, wenn es nottut, sich auf den Kopf stellen, den Motor untersuchen, Fehler finden und beseitigen, eine richtige Diagnose stellen, verstopfte Vergaser und außer Takt geratene Zylinder kurieren – ich bewundere sie ungemein –, aber ich selber habe es nie weiter gebracht, als daß ich Vater einmal geholfen habe, ein Rad auszuwechseln.

Als Carls feiner Wagen streikte, blieb mir daher nur eins übrig: ich mußte mich nach Hilfe umsehen.

Ich hatte keine große Auswahl. Alle Wagen, die vor dem Hotel parkten, schienen leer zu sein – mit einer einzigen Ausnahme. Diese Ausnahme bildete ein wahres Ungeheuer von Auto, in dem vermutlich die amerikanischen Touristen gekommen waren, die ich im Speisesaal gesehen hatte.

Auf dem Führersitz saß ein junger Mann und las. Die Mütze, die er in den Nacken geschoben hatte, war mit dem Namen eines bekannten Reisebüros in Goldbuchstaben geschmückt. Ohne auch nur einen Augenblick die Augen von dem Buch, das mit einem grauen Schutzumschlag versehen war, fortzunehmen, entnahm er von Zeit zu Zeit einem neben ihm liegenden Paket ein Stück Brot oder setzte eine Thermosflasche an den Mund.

Ich mochte ihn nicht gern in seiner Beschäftigung stören – aber was sollte ich machen?

„Hallo!“ rief ich.

Er sah mit einem zerstreuten und gleichsam in die Ferne gerichteten Blick von seinem Buch auf. Als er Lisbeth und mich entdeckte, legte er es aus der Hand. „Hallo!“ erwiderte er.

„Sie müssen entschuldigen, daß ich Sie störe“, sagte ich. „Aber dieser Wagen hier streikt, und ich habe keine Ahnung, was mit ihm los ist. Würden Sie wohl so freundlich sein und einen Blick auf den Motor werfen?“

„Gewiß“, sagte der junge Mann. Er setzte seine Mütze ordentlich auf, schraubte die Thermosflasche zu und wikkelte die Brote ein. Dann kam er zu uns herüber, hob die Motorhaube an und beugte sich über Carls feinen Motor.

Mehrere Minuten vergingen. Daß der junge Mann vom Reisebüro bei seiner Untersuchung systematisch vorging, soviel begriff sogar ich. Mit leichten, geübten Fingern tastete, fühlte, schraubte er. Ich mußte unwillkürlich an die Hände eines Zahnarztes oder Chirurgen denken.

Endlich richtete er sich auf. In der rechten Hand hielt er einen mir gänzlich fremden Bestandteil des Motoreingeweides.

„Da haben wir die Geschichte. Es liegt am Verteiler.“

„Am Verteiler?“ Ich begriff kein Wort.

„Er verteilt den Zündungsstrom auf die verschiedenen Zylinder“, erläuterte er.

„Kann er repariert werden?“

„O nein. Sie müssen einen neuen haben. Ihn einzusetzen ist eine Kleinigkeit. Man muß ihn nur erst haben.“

„Glauben Sie, man kann ihn hier in Drammen bekommen?“

Er schüttelte den Kopf.

„Das ist leider gänzlich ausgeschlossen. Wenn es sich um einen gewöhnlichen Wagen – etwa um einen Chevrolet – handelte – dann vielleicht – – Aber so – – Und außerdem acht Zylinder ! – Nein. Diesen Verteiler bekommen Sie nur in Oslo."

„Ach, warum fahre ich auch nicht einen Chevrolet!"

„Ja, das hätte sich in diesem Augenblick für Sie gelohnt", sagte er lächelnd.

Ich betrachtete ihn etwas genauer. Die Stimme, die Bewegungen, sein ganzes Benehmen: alles deutete darauf hin, daß er kein gewöhnlicher Chauffeur war.

Lisbeth hatte bisher ganz ruhig dagesessen und keinen Laut von sich gegeben. Jetzt zupfte sie mich zaghaft am Ärmel und sagte mit vor Angst ganz brüchiger Stimme: „Steffi! Ich muß nach Hause! Und bald! Vater weiß ja nicht, wo ich bin!"

„Sei nur ruhig, Lisbeth! Du kommst nach Hause. Habe keine Angst. Wir haben noch sehr viel Zeit. Ich muß nur erst wissen, was ich mit diesem dummen Auto anfange. Können wir deinen Vater nicht telefonisch erreichen?"

Lisbeth dachte nach.

„Nur der Hauswirt hat ein Telefon. Aber er ist so ekelhaft – –"

Ich glaube, wir sahen beide gleich ratlos aus. Die Lage, in der ich mich befand, war für mich neu und seltsam. Wäre ich allein gewesen, so hätte mir die Sache wenig ausgemacht. Aber für einen anderen Menschen die Verantwortung tragen – – für ein kleines Wesen mit großen erschrockenen Augen und brüchiger, angstvoller Stimme – –

„Weißt du, wir könnten vielleicht doch dem Hauswirt Bescheid sagen, daß alles in Ordnung ist. Dann könnten wir hier übernachten und den Wagen morgen früh reparieren lassen und – –“

„Hier übernachten?“ Lisbeths Stimme klang schon etwas weniger verzagt. Dachte sie an neue, aufregende Abenteuer, die ihr bevorstehen mochten?

„Ja, hier im Hotel. Wenn wir nur deinen Vater benachrichtigen können. Wir könnten natürlich mit dem Zuge nach Hause fahren; aber ich möchte ungern den Wagen hier zurücklassen.“ Der Chauffeur des Reisebüros stand noch immer neben der geöffneten Motorhaube.

„Ich fahre in einer halben Stunde nach Oslo. Wenn ich Ihnen nützlich sein kann – –?“

„O ja!“ rief Lisbeth, bevor ich noch ein Wort hatte erwidern können. „Kannst du nicht Vater ausrichten, daß Steffi und ich hier sind und daß alles in Ordnung ist und daß er sich nicht zu ängstigen braucht?“

„Aber gewiß doch“, sagte der Chauffeur lachend. „Wenn du mir nur sagen wolltest, wie dein Vater heißt und wo er wohnt.“

„Er heißt Georg Jensen“, erklärte Lisbeth eifrig. Während sie dem jungen Mann ihre Adresse angab und eine lange Botschaft an ihren Vater auftrug, kritzelte ich schnell einige Zeilen auf ein Blatt Papier.

Unser Retter aus der Not versprach, dafür zu sorgen, daß der Verteiler zeitig am nächsten Morgen von Oslo geschickt wurde.

„Ich werde in Drammen bei einer Reparaturwerkstätte vorsprechen und veranlassen, daß der Verteiler dorthin geschickt wird und daß dann sofort einer von den Leuten herkommt und ihn einsetzt."

„Sie sind wirklich der hilfsbereiteste Mensch, der mir jemals begegnet ist", sagte ich, von soviel Liebenswürdigkeit ganz überwältigt.

„Das ist doch alles nicht der Rede wert", sagte der Chauffeur lächelnd. Dabei strich er sich eine widerspenstige dunkelbraune Haarsträhne, die sich unter dem Mützenschirm hervorgewagt hatte und ihm ein keckes, jungenhaftes Aussehen verlieh, aus der breiten Stirn. Dieser jungenhafte Ausdruck paßte übrigens gar nicht so recht zu dem kräftigen, energischen Kinn und den ernsten Augen. Sie waren schön, diese Augen, und sie blickten ernst, auch wenn der Mund lächelte.

Seine Hand hinterließ einen dunkelgrünen Ölstreifen auf seiner Stirn. Nun sah er noch jungenhafter aus als zuvor. „Zur Sicherheit werde ich Ihnen meinen Namen wohl ebenfalls sagen müssen", sagte der Chauffeur lächelnd. „Ich heiße Heming Skar und arbeite zur Zeit hier", er zeigte auf die Goldbuchstaben an seiner Mütze.

Ohne mir etwas dabei zu denken, reichte ich ihm die Hand. „Steffi Sagen", sagte ich.

Erst als ich den Druck seiner kräftigen Arbeitshand spürte, kam es mir plötzlich in den Sinn, daß ich mich Reisebürochauffeuren im allgemeinen nicht vorzustellen pflegte. Aber Leuten, die sich mir vorstellten und die ein solches Wesen und Auftreten hatten wie dieser Heming Skar, mußte ich wohl schon meinen Namen nennen.

Am Hoteleingang und auf der Treppe wurde es sehr laut. Die Reisegesellschaft schien aufzubrechen.

„Da kommt meine Herde“, sagte Heming Skar. „Also dann – – Ich verspreche dir, kleine Lisbeth, daß ich deine Botschaft getreulich ausrichten werde. Und Sie, gnädiges Fräulein“, wandte er sich an mich, „brauchen sich keine Sorgen zu machen. Morgen früh ist der Wagen wieder in Ordnung.“

Aus alter Gewohnheit versenkte ich die rechte Hand in die Tasche. Ich war es seit Jahren gewohnt, für jeden Dienst, den man mir erwies, zu bezahlen. Plötzlich aber zögerte ich, und ich fühlte, daß ich rot wurde. Unzählige Male schon hatte ich Chauffeuren, Kellnern, Zimmermädchen, Pikkolos und anderen dienstbaren Geistern Trinkgelder gegeben; hier aber geschah es zum ersten Male, daß ich mich unsicher und verlegen fühlte.

„Ich weiß nicht, ob ich – –“, begann ich; als ich aber Heming Skar belustigt lächeln sah, brachte ich kein Wort mehr über die Lippen.

„Aber ja doch“, sagte er. „Ich bin es gewohnt, Trinkgelder zu erhalten. Und für Sie ist es am angenehmsten, wenn Sie wissen, daß Sie meinen kleinen Dienst bezahlt haben.“

Müßte der Chauffeur nicht in Gold gefaßt werden?

Da kein Doppelzimmer frei war, mußten Lisbeth und ich uns mit einem Einzelzimmer begnügen.

Niemals werde ich dieses kleine Hotelzimmer vergessen. Es hat sich meinem Gedächtnis so fest eingeprägt, daß ich es noch heute genau beschreiben könnte: die Farbe der Wände, das Muster des Teppichs, die Vorhänge, das Bett, jeden Stuhl. Von den unzähligen Hotelzimmern, in denen ich gewohnt habe, ist dies das einzige, dessen ich mich noch erinnere.

Und ich, die ich so vielgereist bin, daß ich überall schlafen kann, ich konnte in dieser Nacht keinen Schlaf finden.

Lisbeth machte ein etwas erschrockenes Gesicht, als sie begriff, daß wir nicht nur das Zimmer, sondern sogar das Bett teilen sollten.

„Ist das denn so gefährlich?“ sagte ich. „Ich beiße nicht – und ich schnarche auch nicht.“

Lisbeth lachte.

„Aber weißt du, ich habe doch noch nie mit einem anderen in einem Bett gelegen. Eigentlich nicht einmal in demselben Zimmer. Denn daheim liege ich im Schlafzimmer und Vater auf dem Diwan im Wohnzimmer.“

„Ach – –“ sagte ich, unterließ es aber, meiner Verwunderung weiteren Ausdruck zu verleihen.

„In der Ferienkolonie lag ich mit einer Menge anderer Kinder zusammen in einem großen Saal. Aber das war doch nicht dasselbe.“

„Weißt du auch, woher das kommt, Lisbeth?“ sagte ich. „Das kommt daher, weil du keine Mutter hast. Mir ging es genauso, als ich klein war. Die Kinder, die eine Mutter haben, kriechen am Sonntagmorgen zu ihr ins Bett – manchmal vielleicht auch werktags –, und wenn sie in der Nacht aufwachen und haben etwas Häßliches geträumt, dann rufen sie ihre Mutter, und die Mutter nimmt sie dann zu sich ins Bett. Aber wir, die wir selbst für uns sorgen müssen, sind darin anders. Weil wir keine Mutter haben, die uns hilft, werden wir selbständig. So wie du und ich.“

Lisbeth hörte mit großen Augen zu.

„Komisch!“ sagte sie. „Dir und mir geht es ganz gleich.“ Dann schob sie ihre kleine Hand vertrauensvoll in meine. „Aber, weißt du, Steffi – wir könnten doch so tun, als ob wir Mutter und Kind wären – so zum Spaß, weißt du?“

„Ja, das können wir“, sagte ich. „Und morgen früh können wir im Bett frühstücken – Eier und Marmelade und frische Semmeln und geröstetes Brot. – Wir das nicht fein?“

„Wie ich mich darauf freue!“ jubelte Lisbeth. Damit waren alle Schwierigkeiten überwunden. Lisbeth zog sich aus, legte ihre Kleidungsstücke ordentlich auf einen Stuhl und kroch dann, mit einem winzigen Trikothemdchen angetan, ins Bett.

Da wir ja nun Mutter und Kind spielten, durfte ich den Arm unter ihren Nacken schieben. Sie rollte sich wie ein zufriedenes Kätzchen mit dem Kopf auf meiner Schulter zusammen.

„Jetzt weiß Vater sicher, wo wir sind“, sagte Lisbeth.

„Sicher“, bestätigte ich. „Er muß unsere Botschaft längst erhalten haben.“

„Glaubst du, er war zuerst sehr erschrocken?“

„Das glaube ich nicht. Ich glaube, er hat sich sehr gefreut, einen Gruß von dir zu bekommen.“

„Und einen Brief von dir“, fügte Lisbeth hinzu. „Ich wünschte, ich könnte schreiben. Lesen kann ich – beinahe. Aber wie schön wäre es, wenn ich Vater von der Ferienkolonie Briefe schreiben könnte.“

„Freust du dich auf die Ferienkolonie?“

Lisbeth schüttelte energisch den Kopf.

„Nein."

„Gefällt es dir da nicht?"

„Nein."

„Sind die anderen nicht nett zu dir?"

„Doch. Sie sind sehr nett. Aber ich sehne mich so nach zu Hause. Ich denke immer nur an Vater. Und dann kenne ich da ja auch niemand."

„Aber da sind doch so viele Kinder, mit denen du spielen kannst."

„Ja. Aber ich sehne mich doch nach zu Hause."

Lisbeth seufzte und legte sich besser zurecht.

„Du, Steffi! Als du klein warst, bis du da manchmal zu deinem Vater ins Bett gekrochen?"

Ich fühlte einen Stich im Herzen. Ich mußte an die vielen Sonntag denken, an denen ich des Morgens zu Vater ins Bett geschlüpft war und Zuckerstückchen und Kekse bekommen hatte, während er seinen Morgenkaffee trank. Ich hatte nicht die Absicht gehabt, Lisbeth das zu erzählen. Da sie aber fragte, wollte ich nicht lügen.

„Ach ja – das kam wohl vor –" sagte ich. „Aber nur selten", fügte ich schnell hinzu.

„Dann war dein Vater anders als meiner. Ich glaube nicht, daß Vater es wollen würde", sagte Lisbeth ernst.

Unbegreiflich! Wo Georg dermaßen an dem Kinde hing!

Plötzlich begann ich zu begreifen. Ich Dummkopf! Daß ich nicht schon früher auf diesen Gedanken gekommen war!

Georg war krank! Er schleppte irgendeine Krankheit mit sich herum und fürchtete, er könne Lisbeth anstecken.

Deshalb schliefen sie nicht im selben Zimmer, deshalb brachte er das Riesenopfer, Lisbeth dazu zu erziehen, Zärtlichkeiten weder zu geben noch zu erwarten. Deshalb hatte Lisbeth es sich zur Gewohnheit gemacht, einem kräftig die Hand zu drücken, wo ein anderes Kind einem an den Hals geflogen wäre.

Es lief mir kalt über den Rücken. Georgs Handlungsweise war unverantwortlich! Er tat mir in tiefster Seele leid, aber es war ganz und gar nicht richtig, daß er Lisbeth bei sich wohnen ließ, wenn er wirklich an einer ansteckenden Krankheit litt.

Was mochte ihm nur fehlen?

Ich betrachtete das kleine Gesicht, das ich so liebgewonnen hatte. Lisbeth hatte die Augen geschlossen und die Hände gefaltet.

Vorsichtig strich ich ihr über das Haar. Da sah sie mich an.

„Störe mich nicht", sagte sie. „Ich bete das Abendgebet."

Ich mußte mit Georg reden. Er mußte zu einem Doktor gehen, und seine und Lisbeths Lebensweise mußte geändert werden. Lisbeth durfte nicht länger in der kleinen, düsteren Wohnung am Ostrand der Stadt bleiben. Und vor allem: wenn Georg an einer ansteckenden Krankheit litt, mußte er das Opfer bringen, sich von Lisbeth zu trennen – mochte ihm darüber auch das Herz brechen – –

Lisbeths Herz würde aber auch brechen.

Es war nicht leicht. Nein, wahrhaftig nicht!

Ich sann und sann. Was sollte ich tun? Ich brachte es nicht fertig, mit Georg zu sprechen – und es kam mir auch nicht zu – sofern nicht meine Liebe zu Lisbeth mir ein Recht dazu verlieh – –

Aber eins konnte ich tun. Ich konnte früher, als ich es eigentlich beabsichtigt hatte, nach Geilo fahren, und ich konnte Lisbeth mitnehmen. Sie sollte nicht wieder in eine Ferienkolonie, sie sollte nicht in einem großen Saal mit den vielen fremden Kindern liegen und sich nach zu Hause sehnen – sie sollte im oberen Bett in der „blauen Kammer“ schlafen und Dickmilch und Grütze mit fetter Sahne essen – sie sollte Multbeeren pflücken, sie sollte mit mir auf den Forellenfang gehen, sie sollte auf die Sennalpe kommen und mit den Zicklein spielen – sie sollte dick und sonnenverbrannt und muskelstark werden.

Ich mußte versuchen, an Georg zu schreiben. Wenn man schwierige Dinge auf dem Herzen hat, ist es besser, die Sache schriftlich statt mündlich abzumachen. Morgen schon wollte ich alles in die Wege leiten. Ich wollte nach Geilo schreiben, daß ich vierzehn Tage früher kommen würde, als vereinbart war. Es mußte alles gründlich gesäubert und instand gesetzt und es mußte für Proviant gesorgt werden. Die Hütte gehörte einem Bekannten meines Vaters. Er brauchte sie nur zur Jagdzeit. Sonst stand sie mir gegen einen kleinen Jahresbeitrag ausschließlich zur Verfügung, und ich konnte in ihr schalten und walten, wie ich wollte. Diese Abmachung war für mich natürlich äußerst vorteilhaft, aber auch der Eigentümer der Hütte war zufrieden. „Auf diese Weise brauche ich nicht an Fremde zu vermieten und die Gefahr auf mich zu nehmen, daß sie beschädigt wird“, sagte er. Die wenigen Jahre, in denen ich meine Sommerferien in den Bergen verlebt hatte, waren hinreichend gewesen, um mir das Gefühl zu verleihen, als wäre ich eine Art Mitbesitzerin der kleinen Berghütte.

Wie immer, wollte ich natürlich auch diesmal Anne-Grete bei mir haben. Ich mußte sie daher fragen, wie sie es mit ihren Ferien einrichten könnte. Und vor allem mußte ich Georgs Einverständnis erwirken, daß ich Lisbeth mitnehmen dürfe. Georg selber konnte nachkommen – – aber nein, das ging nicht! – Ich mußte es ja gerade verhindern, daß Lisbeth mit ihm zusammen war: Puh! Das würde nicht ganz einfach sein!

„Du!" meldete sich plötzlich eine helle kleine Stimme an meiner Seite. „Er war nett, und ich finde, er sah auch gut aus."

Merkwürdigerweise brauchte ich Lisbeth nicht zu fragen, wen sie meine. Ich wußte sofort, daß sie von dem Reisebürochauffeur Heming Skar sprach. Gleich darauf hörte ich sie ruhig und gleichmäßig atmen. Ihr Kopf, der auf meiner Schulter ruhte, wurde schwerer.

Ich rührte mich nicht, um sie nicht zu stören. Die Stunden vergingen. Der Arm tat mir weh, aber es war ein süßer kleiner Schmerz. Es war ein schönes Gefühl, das Gewicht ihres kleinen Kopfes und die Wärme ihres kleinen Leibes zu spüren.

Erst gegen Morgen fand ich Schlaf. Und als ich endlich merkte, daß der Schlummer kam und verworrene, ungeordnete Bilder auftauchten, um sich im nächsten Augenblick in Träume zu verwandeln, da lösten sich zwei Gesichter aus dem Gewimmel, zwei offene, lächelnde Gesichter.

Das eine gehörte Lisbeth, das andere – Heming Skar.

Ich hatte fürchterlich viel zu tun. Jeden Tag stand ich zeitig auf, saß schon vor neun Uhr am Schreibtisch und arbeitete – abgesehen von einem warmen Imbiß um eins – bis sechs Uhr durch. Ich hatte mir die Tageseinteilung meiner Kindheit nicht abgewöhnen können. Zwar hatte ich den Versuch gemacht, gegen drei zu Mittag zu essen, wie es in Norwegen üblich war, aber wenn sich die Zeit des Gabelfrühstücks näherte, war ich halb tot vor Hunger und hatte das Gefühl, daß ich unbedingt etwas Warmes in den Magen bekommen müsse. Ebenso konnte ich mich nicht damit abfinden, daß es zum Abendessen nichts weiter als Tee und belegte Brote geben sollte. Zum Glück war Erna sehr tüchtig. Sie verstand es meisterhaft, zum Gabelfrühstück höchst appetitliche kleine Sachen zu bereiten, die ganz herrlich schmeckten, wenn ich vier Stunden hintereinander gearbeitet hatte und wußte, daß ich ebenso viele Stunden noch vor mir hatte.

Ich mußte unbedingt fertig werden. Denn Georg hatte eingewilligt, daß Lisbeth mich ins Gebirge begleiten dürfe. Er hatte mir sogar überschwenglich und mit unsicherer Stimme gedankt. Der arme Georg! Er sah schrecklich elend aus. Ich hatte den Eindruck, daß er ganz froh war, eine Zeitlang allein sein zu können. Er schien sehr ruhebedürftig zu sein, und wenn er sich davon nichts anmerken ließ und ein lächelndes Gesicht zeigte, so tat er das sicher nur um Lisbeths willen.

Anne-Grete war es gelungen, ihre Ferien vorzuverlegen, so daß sie Mitte Juni ins Gebirge mitkommen konnte. Wenn ihre Zeit zu Ende war, wollte ich jemand anderen einladen. Ich wußte zwar noch nicht wen, aber ich wollte auf keinen Fall mit Lisbeth allein sein. Falls mir etwas zustoßen sollte, mußte unbedingt jemand dasein, der sich ihrer annahm.

Lisbeth freute sich so auf die Berge, daß sie abends gar nicht einschlafen konnte. Sie hatte eine Trägerhose, eine Strickjacke und Bergstiefel bekommen und fühlte sich als Millionärin.

Ich blieb jetzt ununterbrochen mit ihr in Verbindung. Alle Augenblicke fuhr ich mit dem Wagen schnell einmal hinüber, saß eine halbe Stunde bei Georg und Lisbeth und kehrte dann zu meinen nach frischer Druckerschwärze riechenden Korrekturbogen und zu meiner Schreibmaschine zurück. Und Lisbeth wollte tausendundeine Frage beantwortet haben.

„Wie lange fahren wir mit der Eisenbahn, Steffi?"

„Etwa fünf bis sechs Stunden."

„Fährt der Zug ganz auf die Berge hinauf?"

„Ja, er fährt ganz hinauf. Und wir essen während der Fahrt."

„Nehmen wir wieder einen solchen Korb mit wie auf der Fahrt nach Drammen?"

„O nein. Der Zug hat einen Speisewagen. Einer von den Wagen ist nämlich als Eßzimmer eingerichtet, weißt du? Mit lauter kleinen Tischen."

Lisbeths Gesicht strahlte. Es läßt sich nicht leugnen, daß sie ein kleiner Freßsack war.

„Und wir werden in einer kleinen Hütte wohnen?"

„Ja, in einer Berghütte. Mit einer kleinen Küche, zwei kleinen Kammern – einer blauen und einer roten – und einem Wohnzimmer mit einem Kamin."

„Wo werden wir schlafen?"

„Du und ich schlafen in der blauen Kammer, Anne-Grete in der roten."

Ich mußte Lisbeth erklären, wie weit es vom Bahnhof bis zur Hütte war, ich mußte ihr von der Alm erzählen, wo wir die Milch holten; sie wollte immer noch mehr wissen, und sie wurde es nicht müde, immer neue Fragen zu stellen.

Das Telefon läutete. Es war am Tage vor unserer Abreise.

„Steffi!" sagte Carl. „Kann ich morgen bei dir frühstücken?"

„Es tut mir schrecklich leid, Carl", erwiderte ich. „Aber es geht wirklich nicht. Ich fahre morgen in die Berge. Mein Zug geht schon um halb zehn."

„Und ich hatte mich schon so auf das Wiedersehen gefreut –"

„Ich mich auch –"

„Aber weißt du – mein Zug kommt schon um sieben an, und deiner fährt erst um halb zehn. Könnten wir nicht vielleicht doch zusammen frühstücken?"

Ich überlegte einen Augenblick. Es war eine dumme Sache. Was sollte ich tun? Ich hatte versprochen, Lisbeth um acht abzuholen, aber – –

„Ja, komm nur. Ich freue mich sehr."

„Ich muß nämlich ins Ausland und bleibe nur einen Tag in Oslo. Aber in vierzehn Tagen sehen wir uns in den Bergen."

„Fein!"

„Macht dir der Wagen Spaß?"

„Und ob! Es war furchtbar nett von dir, Carl, daß du ihn hiergelassen hast."

„Morgen nehme ich ihn nach dem Süden mit. Schönen Dank, daß ich kommen darf, Steffi. Ich sehne mich nach dir."

Mein Herz klopfte. Carls Stimme klang so weich und warm.

„Du, Steffi! Ich habe morgen etwas mit dir zu besprechen. Etwas Wichtiges. Kannst du erraten, was es ist?"

„Ich glaube, ich versuche es gar nicht erst."

Merkwürdig, wie wenig ich in der letzten Zeit an Carl gedacht hatte! Er war doch so nett und sympathisch und sah so gut aus! Ich war von meiner Arbeit und von Lisbeth und von den Reisevorbereitungen völlig in Anspruch genommen gewesen.

Aber jetzt freute ich mich unbändig auf das Frühstück am nächsten Tage.

Erna und ich stellten ein „Herrenessen" zusammen. Dann fuhr ich zu Georg und Lisbeth und teilte ihnen mit, ich könnte Lisbeth nicht abholen. Georg solle sie in einem Taxi zu mir schicken.

Am nächsten Morgen war ich auf dem Bahnhof. Carls Gesicht strahlte, als er mich entdeckte. Morgenfrisch, sorgfältig rasiert und in tadellos gebügeltem Anzug kletterte er aus dem Zuge. Er brachte es wirklich fertig, nach einer Nacht im Schlafwagen gepflegt auszusehen. Ich konnte mir Carl überhaupt gar nicht anders als gepflegt vorstellen.

„Wie lieb von dir, mich vom Bahnhof abzuholen!" sagte er, indem er mich in seine Arme schloß. Ich spürte den Duft feiner Toilettenseife und Rasierwassers, in den sich eine schwache Andeutung von Tabakduft mischte. Und ich fühlte, wie seine glattrasierte Wange sich einen Augenblick an meine schmiegte.

„Steffi – ich habe soviel an dich gedacht!"

„Ich auch an dich!" Ich bemerkte, daß ich rot wurde.

Wir fuhren durch die morgenstille Stadt. Ich saß am Steuer. Carl stellte lächelnd fest, wieviel sicherer ich fuhr als das letzte Mal.

Bei mir zu Hause wartete Erna mit all den feinen Sachen, die ich am Vortage in den besten Geschäften der Stadt erstanden hatte. Das Ergebnis meiner Bemühungen konnte sich wirklich sehen lassen.

Carl blickte auf seine Uhr.

„Anderthalb Stunden kann ich dich für mich haben, Steffi. Ich muß diese Zeit ausnutzen. Ich habe in diesen Wochen immerzu an dich gedacht. Sieh mal, ich habe noch nie eine Frau wie dich getroffen. Nie eine, die so ganz wie für mich geschaffen wäre. Und nun habe ich nur einen Wunsch – aber ich habe noch nicht das Recht, ihn auszusprechen."

Ich sah wohl einigermaßen verständnislos aus. Carl reichte mir die Hand über den Tisch.

„Du mußt wissen, Steffi – –" seine Stimme klang gedämpft – „daß meine Scheidung leider noch immer nicht ganz in Ordnung ist. Es ist eine langwierige und verwikkelte Angelegenheit. Aber in zwei Monaten läuft das dritte Trennungsjahr ab. Ich will dich nicht in eine schiefe Lage bringen. Ich will dich nur bitten, mich nicht zu vergessen – und mir zu erlauben, daß ich nach dem Sommer wieder zu dir kommen darf, um dann alles zu sagen, was ich heute nicht sagen kann."

Ich erwiderte seinen Händedruck.

Erst hinterher tauchten allerlei Fragen auf – aber da war Carl im Ausland und ich im Gebirge.

„Steffi", fuhr Carl nach einer kurzen Pause fort. „Ich habe mir schon oft ausgemalt, wie wundervoll es doch wäre, wenn du mich auf einer solchen Reise, wie ich sie jetzt vor mir habe, begleiten würdest. Du siehst so gut aus, daß jeder Mann stolz sein kann, sich mit dir zusammen zu zeigen – du kannst auftreten, du kannst repräsentieren, du beherrschst mehrere Sprachen – du begehst nie eine Torheit, du hast alle Reize der Jugend und bist dennoch welterfahren – oh, Steffi – –"

Er war aufgestanden, hatte den Arm um meine Schultern gelegt und sah mir in die Augen.

„Ich habe ein schönes Heim, Steffi, das darfst du mir glauben. Und ich weiß niemand, der so gut dazu paßt wie du. Wenn ich an den Sommerabenden auf der Terrasse saß, habe ich mir oft ausgemalt, du säßest neben mir – oder ich sah dich im Park spazierengehen, vielleicht von einem russischen Windhund begleitet – oder mit einem breitrandigen Gartenhut am Arm – oder ich stellte dich mir vor, wie du am oberen Ende einer Festtafel sitzt oder wie du mit meinen Bekannten und Geschäftsfreunden geistvolle Gespräche führst – Steffi, ich habe nur einen Wunsch – und noch nie habe ich mir etwas mit der gleichen Inbrunst gewünscht – –"

Ich war geschmeichelt, erfreut, überrascht, verwirrt. Man hatte mir noch nie eine Liebeserklärung gemacht. Aber ich hatte doch das Gefühl, daß diese Liebeserklärung etwas ungewöhnlicher Art war. Spielten denn nur rein äußerliche Eigenschaften eine Rolle? Kam es denn lediglich auf das Aussehen, das Verhalten und das Auftreten an?

Aber ich war in diesem Augenblick nicht imstande, klar und vernünftig zu denken. Denn erstens wird die Urteilsfähigkeit bedeutend geschwächt, wenn man in den Gegenstand, den man beurteilen soll, verliebt ist – und zweitens war ich erst um ein Uhr ins Bett gekommen und um fünf schon wieder auf den Beinen gewesen, hatte gepackt, das Anrichten des Frühstücks überwacht und den Wagen geholt. – Ich brachte im gegenwärtigen Augenblick ganz einfach nicht die nötige Kraft auf, um auch noch mein Gehirn anzustrengen.

Carl beugte sich über mich. Ich schloß die Augen. Mein Herz klopfte.

Da läutete es an der Wohnungstür.

Wie ein Blitz war Carl wieder auf seinem Platz, hatte die Serviette über die Knie gebreitet, die Kaffeetasse in die Hand genommen und lächelte unbefangen.

„Ja, es ist jetzt wundervoll in den Bergen, das finde ich auch", sagte Carl. „Aber der Herbst ist doch die schönste Jahreszeit."

Ich fühlte ein leichtes Unbehagen über Carls märchenhafte Geistesgegenwart. Sie ließ auf langjährige Übung schließen. Überhaupt: Carl mochte tun, was er wollte, man hatte stets das Gefühl, daß er in dem, was er tat, Übung besaß.

„Noch etwas Kaviar?" fragte ich. Da ging die Tür auf, und Lisbeth trat ein. Sie hatte die kornblumenblaue Trägerhose angezogen, eine rote Schultertasche umgehängt, eine rote Mütze auf den Kopf gesetzt und sah süßer aus denn je. Hinter ihr erschien Georg, hohlwangig und blaß und armselig angezogen – doppelt armselig neben Carls tadelloser Eleganz.

Carl mit lächelndem Munde und formvollendeter Höflichkeit war der Situation durchaus gewachsen. Georg war verwirrt, verlegen und unsicher. „Du mußt entschuldigen, Steffi, daß Lisbeth so früh kommt", brachte er stotternd hervor. „Ich wollte nämlich nicht gern – – ich mochte sie nicht so ganz allein herfahren lassen – verzeih, daß wir stören –"

„Aber, Georg! Wie kannst du nur so reden!" sagte ich. Er tat mir so leid, daß ich hätte heulen können. „Hast du nicht einen Augenblick wenigstens Zeit? Willst du nicht Platz nehmen und eine Tasse Kaffee trinken?"

„Es ist sehr freundlich von dir, Steffi – aber ich muß mich beeilen. – Vielen Dank für alles – und passe gut auf Lisbeth auf – –"

„Ja, Georg, das verspreche ich dir", sagte ich. „Du weißt doch, wie ich Lisbeth liebhabe."

„Lebe wohl, Lisbeth!" sagte Georg und streckte seine Hand aus.

Lisbeth ergriff Georgs Hand und blickte ihn ernst an.

„Begleite deinen Vater an die Tür, Lisbeth!“ sagte ich. Georg und Lisbeth gingen auf den Flur hinaus.

„Lisbeth Jensen ist meine jüngste Freundin“, sagte ich erklärend. „Wir fahren zusammen auf zwei Monate in die Berge.“

„Wie schön!“ sagte Carl.

Wir wußten, daß man auf dem Flur jedes Wort hören konnte.

Da fiel die Wohnungstür ins Schloß. Lisbeth hatte trockene Augen, machte aber ein sehr ernstes Gesicht, als sie wieder ins Zimmer kam.

„Lisbeth, willst du Herrn Lövold guten Tag sagen?“ sagte ich. „Ihm gehört das schöne Auto, weißt du? Daher müßtest du dich also eigentlich bei ihm für den Ausflug nach Drammen bedanken.“

Lisbeth knickste höflich.

„Guten Tag!“ sagte Carl und nahm die Hand, die sie ihm hinhielt.

„Wie alt bist du denn?“

„Sieben Jahre“, sagte Lisbeth.

„Und in welche Klasse gehst du?“

„Ich komme erst im Herbst auf die Schule“, sagte Lisbeth.

Carls Vorrat an Gesprächsthemen, die sich für Kinder eigneten, schien erschöpft. Ich kam ihm zu Hilfe. „Bitte Erna, daß sie einen Teller für dich bringt, Lisbeth. Dann bekommst du etwas Gutes zu essen.“ Lisbeth tat, wie ich ihr geheißen hatte. Sie saß still am Tisch, sagte „Ja, danke“ und „Nein, danke“, aß manierlich und benahm sich mustergültig.

Das Gespräch zwischen Carl und mir wollte nicht mehr richtig in Gang kommen, Plötzlich ging Carl auf das Englische über, das er fließend sprach. Lisbeth blickte ihn bei dem Klang der fremden Laute etwas verwundert an – und dann mich, als ich ihm in derselben Sprache antwortete.

Sie aß auf, was auf ihrem Teller war, legte ihre Serviette ordentlich zusammen und faltete einen Augenblick die Hände. Dann wartete sie, bis eine Pause in unserem Gespräch eintrat.

„Steffi, darf ich etwas zu Erna in die Küche gehen?"

„Aber gern, Mäuschen. In einer Viertelstunde müssen wir übrigens aufbrechen."

Lisbeth verschwand. Ich blickte ihr nach.

„Ist sie nicht süß, Carl?"

„Wie? Ach so. Ja. Sehr süß. Aber höre – ich hole dich in wenigen Wochen ab. Dann kommst du auf ein paar Tage zu mir in meine Berghütte. Einige Freunde von mir kommen auch. Ich möchte gern, daß du sie kennenlernst."

„Und Lisbeth? Ich habe doch eben erst versprochen, daß ich gut auf sie achtgeben werde."

„Deine Kusine wird doch wohl ein paar Tage auf sie achtgeben können. Aber weißt du, Steffi, wenn du den Zug noch erreichen willst, müssen wir gehen. Selbstverständlich bringe ich dich zum Bahnhof – das wäre ja auch noch schöner!"

Lisbeth saß auf der Küchenbank und unterhielt sich mit Erna.

„– und er hat zwei Schlösser. Sieh! Hier habe ich den Schlüssel –"

Sie zeigte Erna einen kleinen Schlüssel, der an einer Schnur um ihren Hals hing. Neben ihr auf der Küchenbank stand ein winziger funkelnagelneuer Vulkanfiberkoffer.

„Ist das dein Koffer? Ganz allein deiner?“ fragte Erna interessiert.

„Ganz allein meiner. Ich habe ihn gestern von Vater geschenkt bekommen. Ich habe auch eine Sonnenbrille und – –“

„Lisbeth, kleines Häschen – wir müssen jetzt gehen.“

„Und ein Dolchmesser“, rief Lisbeth Erna über die Schulter zu.

Anne-Grete wartete schon am Bahnhof. Sie und Lisbeth fanden sich sofort. Der neue Koffer, die Sonnenbrille und das Dolchmesser lieferten einen ergiebigen Gesprächsstoff. Natürlich mußten sie unbedingt ihre Dolchmesser vergleichen und eine der anderen Sonnenbrille aufprobieren.

Carl und ich nahmen indessen voneinander Abschied.

„Steffi – mein liebes Mädchen!“ flüsterte Carl mir ins Ohr, und ich spürte seine Lippen auf meiner Wange. „Zwei Monate sind Gott sei Dank keine Ewigkeit. Und außerdem sehen wir uns ja Anfang Juli.“

„Bitte einsteigen!“ rief der Schaffner.

„Bisher hat unser Zusammensein in der Hauptsache aus Abschiednehmen bestanden“, lachte Carl. „Aber warte nur! Das soll anders werden!“

Ich saß stumm in meiner Abteilecke. Ich hatte an so vieles zu denken.

Anne-Grete und Lisbeth plauderten vergnügt miteinander. Anne-Grete versuchte, Schweine zu zeichnen. Sie platzten beinahe vor Lachen über die merkwürdigen Tiere, die das Rütteln des Zuges hervorbrachte.

Anne-Grete lächelte zu mir hinüber.

„Sweet little girl“, sagte sie.

Ja, Lisbeth war süß. Wie freudig erregt sie war und voller Interesse für alles!

„War Herr Lövold nicht nett, Lisbeth?“ fragte ich.

„Nein“, antwortete Lisbeth.

Ich zuckte zusammen.

„Aber Lisbeth!“

„Er war dumm“, sagte Lisbeth.

„So etwas darfst du nicht sagen, Lisbeth!“

„Wenn du mich fragst? Soll ich denn sagen, er war nett? Das wäre doch eine Lüge.“

„Aber Lisbeth! – Er hat uns doch seinen Wagen geliehen und alles – –“

„Er war dumm!“ wiederholte Lisbeth.

Der Tonfall erlaubte keine Widersprüche.

„Steffi! Steffi! Perle und Graubein sind ins Haus gekommen! Und Perle hat dein Rad umgeworfen!“

Mit heißem, sonnenverbranntem Gesicht und wirrem Haar stand Lisbeth in der Tür. Sie hatte ihre Haarschleife verloren – eine feine, buntkarierte Schleife, die ich in Geilo gekauft hatte – und war unbeschreiblich dreckig.

Sie keuchte vom schnellen Laufen, hatte einen schwarzen Strich mitten auf der Nase, und der Ärmel ihrer kleinen Hemdbluse war aufgerissen. Kurz: sie sah kerngesund aus.

Ich sprang von der Schreibmaschine auf und jagte die beiden Zicklein aus dem Hause. Sie gehörten auf die fünf Minuten entfernte Alm; aber sie fanden stets und ständig den Weg zu uns. Vielleicht kam es daher, weil Lisbeth ihnen allerlei Leckerbissen zuzustecken pflegte. Aber die Tiere waren so allerliebst und drollig, daß keiner von uns es fertig brachte, ihnen böse zu sein.

„Du, Lisbeth, wo ist dein Taschentuch?"

Verzweifeltes Suchen in allen Taschen. Endlich brachte sie einen kleinen, zerknüllten, nassen, kohlschwarzen Lappen zum Vorschein.

„Du bist ein Ferkel, Lisbeth! Marsch! In die Kammer mit dir! Und hole dir ein sauberes Tuch! Wasch auch gleich deine Hände – und betrachte dich einmal im Spiegel!"

Lisbeth trabte gleichmütig in die blaue Kammer. Schon bald kam sie zurück – zwar um eine Kleinigkeit sauberer, aber ebenso zerzaust.

„Wo ist deine Haarschleife, Lisbeth?"

Sie machte ein schuldbewußtes Gesicht.

„Das weiß ich nicht. Ich fürchte, ich habe sie verloren."

„Wie bist du doch liederlich, Lisbeth!" Ich mußte lächeln, als ich daran dachte, daß dieses schmutzige, laute, fröhliche, braune Ding das blasse, versonnene, ernsthafte kleine Mädchen war, das ich vor zwei Monaten kennengelernt hatte.

„Kann ich nicht ohne Haarschleife gehen, Steffi?"

„Es wird dir wohl nichts anderes übrigbleiben, wenn

du sie verloren hast. Geh und hole deinen Kamm! Ich will versuchen, dich soweit herzurichten, daß du wieder menschlich aussiehst, du – Elsternnest!"

„Du, Steffi!" fragte Lisbeth, als sie mit dem Kamm zurückkam. „Was ist denn das – ein Elsternnest?"

„Ein Nest, in dem Elstern wohnen", antwortete ich. „Das pflegt ziemlich zerzaust auszusehen. Aber nun halte still, Lisbeth, damit ich dir einen Scheitel ziehen kann. So geht es wieder einigermaßen. – Was willst du jetzt machen?"

„Ich weiß nicht recht. Was machst du?"

„Ich radle nach Geilo und bringe Briefe auf die Post."

„Darf ich mit?"

„Meinetwegen. Aber dann mußt du dich erst umziehen, du kleines Ferkel."

Lisbeth lachte immer begeistert, wenn ich sie ausschalt. Ich nannte sie abwechselnd kleines Ferkel, Wildfang und Räuberprinzessin.

Wenige Minuten später saß sie rittlings auf einem Kissen auf dem Gepäckträger und hielt sich an mir fest. Dann ging es in sausender Fahrt nach Geilo hinunter. Lisbeth hatte mit allen Geschäftsleuten des Ortes dicke Freundschaft geschlossen. Sie hatte die Schwäche, gern in Läden zu gehen, und ich hatte die Schwäche, sie in Läden gehen zu lassen. Die Folge davon war, daß Schokolade und Obst für sie zu selbstverständlichen Bestandteilen des täglichen Speisezettels geworden waren. Sie wurde schrecklich verwöhnt und verzogen. Bisher hatte es ihr glücklicherweise nicht geschadet. Hinter ihrem veränderten Äußeren und ihrem neuen, unbefangenen Wesen war sie das gute kleine Ding geblieben, als das ich sie liebgewonnen hatte; und ich gewann sie von Tag zu Tag lieber.

Lisbeth holte Sahne von der Alm und studierte dort die Geheimnisse der Käsebereitung. Lisbeth pflückte Blumen, machte Besorgungen und holte die Post. Mindestens jeden zweiten Tag kam Nachricht von Georg. Er schrieb mit großen Druckbuchstaben, damit Lisbeth die Briefe selber lesen könne. Und am Abend schrieb Lisbeth an ihn. Anne-Grete erwies sich als vorzügliche Pädagogin. Im Laufe weniger Tage hatte sie Lisbeth so viel beigebracht, daß sie schreiben konnte: „liber Vater wir haben es gut und Steffi und ich rahdeln nach geilo ich krieche jeden Tag schokolade wir haben zwei ziegen die heißen perle und graubein aber ich sene mich nach dir herzlichen gruß deine lisbeth."

Wir hatten eine herrliche Zeit – Anne-Grete, Lisbeth und ich. Wir machten bald zu Fuß, bald mit dem Rad kleine Ausflüge, und jedesmal fragte Lisbeth, ob wir nicht bald mit dem Beerenpflücken beginnen würden. Ich erklärte ihr immer aufs neue, wir würden sicher Beeren pflücken, aber sie müsse sich noch einen Monat gedulden, bis die Beeren reif wären.

Lisbeth pflückte Beeren. Aber bis es soweit war, sollte noch vieles geschehen.

Wenn Lisbeth gewaschen und zu Bett gebracht war, hatten Anne-Grete und ich unsere Plauderstunde am Kamin. Oft sagten wir zueinander: „Nur hier in der Berghütte sind wir wirklich Menschen; in der Stadt haben wir keine Zeit dazu."

In diesen Abendstunden öffneten sich unsere Herzen. Anne-Grete ist so klug und vernünftig und praktisch. Sie steht mit beiden Füßen auf der Erde. Das einfache, glückliche Heim, in dem sie aufgewachsen war, schenkte ihr die Gemütsruhe und das seelische Gleichgewicht, das meine ruhelose Kindheit mir nicht hatte geben können.

„Erzähle mir jetzt von Carl Lövold!" sagte Anne-Grete eines Abends. Im Kamin brannte ein tüchtiges Feuer, und auf dem Tisch zwischen uns stand eine ansehnliche Schachtel mit Konfekt, die Carl mir geschenkt hatte. „Willst du ihn heiraten? Oder wie denkst du dir die Sache?"

„Ich weiß es nicht", sagte ich. „Seiner Scheidung scheint irgend etwas im Wege zu stehen. Es wird noch einige Zeit dauern, bis es soweit ist. Er meinte, es wäre eine langwierige und verwickelte Angelegenheit."

„Soso", sagte Anne-Grete. „Das ist merkwürdig. Ich finde, offen gestanden, daß es bei den jetzt geltenden Gesetzen anständigen Menschen sehr leicht gemacht wird, sich scheiden zu lassen. Das geschieht auf eine so rücksichtsvolle und vornehme Art – –"

„Ja – ich weiß nicht, woran es liegt", sagte ich. „Soviel mir bekannt ist, lebt Carl schon ziemlich lange von seiner Frau getrennt. Vielleicht dreht es sich um Geld."

„Puh!" sagte Anne-Grete. „Kannst du dir etwas Ekelhafteres denken, als daß zwei Menschen, die zusammengelebt haben – zwei Menschen, die einer des anderen verborgenste Geheimnisse und kleinste Schwächen kennen – zwei Menschen, die vielleicht Kinder haben –, daß die sich eines Tages Rechtsanwälte auf den Hals hetzen und sich um Geld zanken? Puh! Ist das widerwärtig!"

„Aber liebe Anne-Grete! Ich ahne doch gar nicht, ob Geld bei Carl und seiner Frau überhaupt eine Rolle spielt!" sagte ich. „Vielleicht stehen ganz andere Dinge der Scheidung im Wege."

„Das ist natürlich möglich. Da er allem Anschein nach sehr reich ist, sollte man denken, daß wirtschaftliche Schwierigkeiten kaum eine Rolle spielen können. Jaja, Steffi – es ist ja nicht meine Sache –, aber überlege dir, was du tust, bevor du ja sagst. Die Heirat ist immer eine Art Lotterie, und ganz besonders vorsichtig muß man sein, wenn der betreffende Mann schon einmal verheiratet war. Ist er mit der einen Ehe nicht fertig geworden, dann kann man kaum mit Sicherheit darauf rechnen, daß es ihm bei der zweiten besser ergeht."

„Aber –", ich dachte an das, was Carl zu mir damals beim Frühstück gesagt hatte. „Aber wenn er nun das Gefühl hat, daß ich die Frau bin, die zu ihm paßt – die für ihn geschaffen ist –"

„Tja", sagte Anne-Grete. „Dann kommt es nur noch darauf an, wieweit *er* für *dich* geschaffen ist. Betrachte die Sache einmal nüchtern, Steffi. Verliere nicht den Kopf, weil er gut aussieht, weil er sich zu benehmen weiß, weil er reich ist und weil er ein einnehmendes Wesen hat. Ist er wirklich für dich geschaffen? Habt ihr die gleichen Interessen? Glaubst du, er wird nett zu dir sein? Ist er es wert, daß du um seinetwillen in eine andere Stadt ziehst, dich sozusagen mit der Wurzel aus dem Erdboden ausreißen und in eine ganz neue Umgebung verpflanzen läßt? Ich möchte nicht garstig sein – du weißt, daß ich dir alles Gute von der Welt gönne – –"

„Ja, Anne-Grete, das weiß ich. Aber sage mir: Wie steht es denn mit dir selber? Bist du deiner so völlig sicher?"

„Ich?" sagte Anne-Grete. „Ich weiß nur eins: Wenn Knut wegen Mordes verurteilt würde und hingerichtet werden sollte, dann würde ich meinen Kopf neben seinen auf den Richtblock legen. Ich weiß, daß der Herrgott mich für Knut bestimmt hat, daß ich den wundervollsten Mann auf der Welt bekommen soll – und oft muß ich mich in den Arm kneifen, um mich zu vergewissern, daß ich nicht etwa träume, daß Knut wirklich existiert und daß er mein ist – – Steffi! Ich bin der glücklichste Mensch auf Erden!"

Ich blickte Anne-Grete sinnend an. Sie ist nicht gerade schön – sie hat etwas unregelmäßige Züge und einen zu großen Mund – und ihr Haar hat eine merkwürdige Farbe – so zwischen braun und aschblond –, aber in diesem Augenblick war sie schön.

Ich seufzte.

„Ich bin so unsicher, Anne-Grete, nicht nur was meine Gefühle, sondern auch was meine Arbeit betrifft."

„Deine Arbeit? Aber Steffi, ich glaube, auf *dem* Gebiet gäbe es für dich keine Unsicherheit."

Ich holte tief Luft – und dann erzählte ich Anne-Grete von den Wissenslücken, die ich fast jeden Tag entdeckte und die meine Arbeit so sehr erschwerten.

Anne-Grete dachte einen Augenblick angestrengt nach. Dann sagte sie:

„Höre, Steffi. Dagegen mußt du etwas tun. Du mußt etwas lernen, und zwar solange du noch jung bist und dein Gedächtnis seine Aufnahmefähigkeit noch nicht verloren hat. Du hast doch das Mittelschulexamen. Lehne alle Arbeit ab außer der für Rambech. Du verdienst dann immer noch genug zu deinen Zinsen hinzu. Melde dich zu einem Vorbereitungskursus auf das Abiturientenexamen. Bei deinen Sprachkenntnissen wirst du es sicher leicht schaffen. Und hast du erst das Abitur, dann sehen wir weiter."

„Glaubst du wirklich, Anne-Grete, ich könnte es schaffen?"

„Selbstverständlich. Denke doch nur daran, wie viele junge Menschen sich die größten Entbehrungen auferlegen müssen, um ihr Ziel zu erreichen – wie sie mittags kaum etwas Richtiges in den Magen bekommen und dabei büffeln und büffeln und büffeln! Du hast eine gemütliche Wohnung, hast eine Hausgehilfin und feste Einnahmen. – Du verdienst ja Prügel, wenn du nicht jede Gelegenheit wahrnimmst, um etwas Ordentliches zu lernen!"

Was Anne-Grete da sagte, hatte ich selber auch schon bei mir gedacht. Aber ich hatte mit diesem Gedanken nur gespielt, ohne ernsthaft zu glauben, daß er sich je würde verwirklichen lassen. Nun rückte er plötzlich in den Bereich des Möglichen!

„Du bist eine Perle, Anne-Grete", sagte ich.

„Eine schläfrige Perle", erwiderte sie. „Es ist halb zwölf, und morgen bin *ich* an der Reihe, das Frühstück zu bereiten. Wollen wir in unsere Kojen kriechen?"

Als ich im Bett lag, überdachte ich noch einmal, was Anne-Grete gesagt hatte – sowohl über den Vorbereitungskursus als auch über Carl.

Über eines war ich mir klar: Wenn Carl geköpft werden sollte, hatte ich nicht die geringste Neigung, meinen Kopf neben seinen auf den Richtblock zu legen.

Ich hörte Lisbeths ruhiges, gleichmäßiges Atmen in der Bettstelle über mir.

Lisbeth und ich waren mit einer sehr wichtigen Arbeit beschäftigt. Wir säuberten die Holznäpfe, in denen wir die Milch aufsetzten.

Unseren Arbeitsplatz hatten wir, ein Stück von der Hütte entfernt, am Bachufer aufgeschlagen. Wir scheuerten und schrubbten mit Bürste und Sand und spülten und planschten und hatten einen riesigen Spaß.

Schließlich stellten wir die Näpfe in Reih und Glied auf, um sie in der Sonne trocknen zu lassen, und streckten den Rücken gerade.

„Wir haben tüchtig geschafft, Lisbeth."

Lisbeth betrachtete mich und lachte.

„Heute bist du ein kleines Ferkel und eine Zigeunerprinzessin, Steffi! Du hast Sand auf der Nase, und auf dem Bauch bist du ganz naß, und dein Haar ist so wild, daß es sich gar nicht beschreiben läßt."

„Willst du mich ausschelten, du freches Gör?"

„Ja, das will ich."

„Nimm dich in acht!"

„Nimm du dich selber in acht! – Kleines Ferkel! – Zigeunerprinzessin! – Kleines Ferkel!"

Lisbeth lief davon und ich hinter ihr her. Sie japste nach Luft vor lauter Lachen.

Als ich sie endlich eingeholt hatte, gab ich ihr einen sanften Klaps auf den Hintern und schwang sie hoch in die Luft.

„Du, Lisbeth!" sagte ich, als ich sie wieder auf den Boden gestellt hatte. „Es ist eigentlich schade, daß du mich gar nicht leiden kannst!"

„Ja. Das ist mächtig traurig."

„Und ich habe dich nicht die Spur lieb."

„Ich dich auch nicht!"

„Du mußt ja auch bei uns hungern und wirst den ganzen Tag gequält."

„Ja. Ihr schlagt und mißhandelt mich immerzu – und niemand ist hier nett zu mir – und ich bekomme nie etwas Gutes zu essen – – du, Steffi! Was hast du da in der Tasche?"

„Rühr mich nicht an, du böses Ding!"

„Ist es Schokolade, Steffi?"

„Weg mit den Fingern, sage ich!"

„Ha! – Jetzt habe ich sie doch erwischt! – Hmmmm! Das ist Milchschokolade! – Wollen wir teilen, Steffi?“

Nichts machte Lisbeth soviel Spaß wie unser kleiner Wortwechsel: „Ich habe dich nicht lieb!“ und „Ich dich auch nicht!“

Ich hob Lisbeth hoch und stellte sie schnell wieder hin. „Puh, Lisbeth! Bist du schwer geworden! Ich kann dich kaum noch hochheben, und die Arme tun wir dabei weh!“

„Das ist doch nicht weiter merkwürdig. Denk bloß an all die Sahne, die ich bekomme!“

„Ich glaube, Vater erkennt dich gar nicht wieder, wenn du ankommst. Vielleicht wird er dich ansprechen und zu dir sagen: ‚Entschuldigen Sie, mein Fräulein – haben Sie vielleicht zufällig ein soooo kleines Mädchen gesehen? Es ist ganz blaß und mager und heißt Lisbeth.‘“

Lisbeth lachte hellauf.

„Er hat doch so viele Bilder von mir bekommen – darauf kann er doch sehen, wie dick ich geworden bin! Glaubst du, er wird sich über das große Bild mit Perle und Graubein freuen?“

Unter den mannigfaltigen Aufnahmen, die ich in diesen Wochen von Lisbeth gemacht habe, war eine ganz besonders gut gelungen: die, auf der Lisbeth die Zicklein fütterte. Ich hatte das Bild vergrößern lassen und am vergangenen Tage Georg geschickt.

Anne-Grete kam mit dem Rad von Geilo zurück.

„Hallo, Anne-Grete!“

Sie winkte, aber ich merkte ihrem Gesicht an, daß etwas geschehen sein mußte.

„War ein Brief von Vater da?“ fragte Lisbeth.

„Heute nicht“, antwortete Anne-Grete. „Aber sieh – – hier ist die neue Illustrierte zum Ansehen und ein frischer Wecken für dich. – Steffi, kommst du einen Augenblick ins Haus?“

Ich bekam Angst. Es mußte etwas sehr Schlimmes passiert sein.

„Hier ist ein Telegramm, Steffi. Ich habe es geöffnet. Aber lies es selbst!“

Es war zwischen Anne-Grete und mir abgemacht worden, daß wir nicht nur alle Pakete in Empfang nahmen und Wertsendungen quittierten, sondern daß auch die eine der anderen Telegramme öffnete.

Ich las das Telegramm, das Anne-Grete mitgebracht hatte. Es war lang. Ich atmete schwer. Las es noch einmal. Es war kein Zweifel möglich.

Georg hatte einen Blutsturz gehabt und war in ein Osloer Krankenhaus eingeliefert worden. Er wollte durchaus mit mir sprechen. Wenn ich nicht sofort hinfuhr, konnte es leicht zu spät sein.

Ich blickte auf meine Uhr. In einer Stunde ging ein Zug. Ich brauchte zwanzig Minuten, um zum Bahnhof zu radeln.

Anne-Grete sprach mit Lisbeth. Später erfuhr ich, daß sie gesagt hatte, Steffi, die Ärmste, müsse auf ein paar Tage in die Stadt, weil ihr Verleger mit ihr über eine Arbeit sprechen wolle. Es wäre zu dumm, aber ich würde bald wiederkommen.

„Grüße Vater!“ rief Lisbeth mir nach.

Am selben Abend war ich in Oslo.

Weißes Krankenzimmer. Blaue Wände. Krankenhausgeruch. Ein ernst aussehender Arzt, eine lautlose, flinke, geübte Krankenschwester.

„Er darf nicht sprechen", sagte die Krankenschwester. „Sie müssen sehr vorsichtig sein und dürfen nicht zu lange bei ihm bleiben."

„Hören Sie, Schwester", sagte ich. „Er weiß aller Wahrscheinlichkeit nach, daß er sterben muß. Seine kleine Tochter ist bei mir. Können Sie es nicht verstehen, daß er mit mir sprechen *muß* und daß nichts auf der Welt ihn daran hindern kann?"

„Ja", sagte die Krankenschwester. „Aber der Doktor hat streng befohlen – –"

„Lassen Sie mich nur mit ihm allein", sagte ich. „Ich übernehme die Verantwortung."

Blaß und mit hohlen Wangen lag Georg im Bett. Er versuchte zu lächeln, als ich in das Krankenzimmer trat.

„Ich danke dir, Steffi, daß du gekommen bist."

Ich setzte mich an das Bett.

„Georg, du darfst nicht sprechen. Aber ich weiß, daß du mir etwas zu sagen hast. Flüstere nur ganz leise, damit du dich nicht überanstrengst!"

Er tastete nach meiner Hand. Ich drückte seine. Und dann begann er mir flüsternd zu sagen, was er auf dem Herzen hatte. Noch nie hatte ich ihn so ruhig, so entschlossen gesehen, noch nie hatte ich ihn sich so einfach und ohne Umschweife ausdrücken hören wie jetzt, da er so leise flüsterte, daß ich mich aufs äußerste anstrengen mußte, um ihn zu verstehen.

„Ich weiß, daß ich sterben muß“, sagte Georg. „Ich habe schon seit langem gewußt, daß es so kommen würde. Aber ich hatte geglaubt, ich würde es noch etwas länger – ein paar Jahre noch – machen können. Steffi – willst du an Lisbeths Großmutter schreiben? – Du mußt meine Schlüssel an dich nehmen – – In der Schatulle im Wohnzimmer findest du Lisbeths Sparkassenbuch – sie besitzt zweitausend Kronen – frage Lisbeths Großmutter, ob sie das Kind zu sich nehmen will – sie ist ja die Mutter von Lisbeths Mutter – –“ In Georgs unruhig flackernden Augen stand eine große Angst.

„Höre mich, Georg!“ sagte ich; und ich bemühte mich, ganz ruhig und schlicht zu sprechen, obwohl mir das Weinen im Halse saß. Ich hatte schon einmal an einem Sterbebett gesessen. An dem meines Vaters. Aber er war bewußtlos gewesen. Dies hier war etwas anderes, und irgendwie war es viel schlimmer.

„Georg, du brauchst keine Angst zu haben. Vergiß nicht, daß ich Lisbeth sehr liebhabe. Ich lasse sie nicht im Stich. Entweder bleibt sie bei mir, oder sie kommt zu ihrer Großmutter. Auf jeden Fall soll sie es gut haben, das verspreche ich dir. Ich werde sie nie aus den Augen verlieren, und solange ich gesund bin und arbeiten kann, soll es Lisbeth an nichts fehlen. Darauf gebe ich dir mein Wort, Georg.“

Zwei helle Tränen liefen Georg über die Wangen, und er drückte mir die Hand.

„Gott segne dich, Steffi!“ flüsterte er.

Da war es um meine Fassung geschehen. Ich weinte hemmungslos. Georg sagte nichts. Als ich mich endlich wieder soweit in der Gewalt hatte, daß ich aufblicken konnte, merkte ich, daß er still in seinem Bett lag und mich mit einem ruhigen, sanften, schönen Blick ansah.

„Du hast mir mehr Gutes erwiesen als irgendein anderer Mensch, Steffi", flüsterte er. „Seit vielen Jahren war ich nicht so glücklich, wie ich es jetzt bin."

Seine ganze Kraft war verbraucht. Er vermochte kaum noch zu flüstern. Ich stand leise auf und ging hinaus.

„Wie lange wird es noch dauern, Herr Doktor?" fragte ich den Arzt.

„Vielleicht ein paar Tage noch. Es ist mir völlig unbegreiflich, wie er mit einer so weit vorgeschrittenen Tuberkulose hat herumlaufen können. Er hatte über neununddreißig Grad Fieber. Im Geschäft bekam er einen Blutsturz und wurde hierhergebracht. Hat er noch andere Familienangehörige außer Ihnen?"

„Er hat eine kleine Tochter. Ich bin nur entfernt mit ihm verwandt. Darf ich morgen früh wiederkommen?"

„Ja. Kommen Sie nur."

Ich sah die Krankenschwester in Georgs Zimmer gehen. Er hatte ständig jemand bei sich.

Zum Schlafen kam ich in dieser Nacht nicht viel. Ich nahm ein Taxi und fuhr zu Georgs Wohnung. Alles war unaufgeräumt und mit Staub bedeckt. Auf dem Küchenherd stand gebrauchtes Eßgeschirr, und das Bett war nicht gemacht.

Ich brauchte die halbe Nacht dazu, um aufzuräumen und reinzumachen. Als ich damit fertig war, schloß ich die Schatulle auf, entnahm ihr Lisbeths Sparkassenbuch, ein Notizbuch mit Adressen und Abrechnungen, einen Briefumschlag mit Fotografien und ein paar andere Dinge, die ich nicht in fremde Hände gelangen lassen wollte.

Erst in den frühen Morgenstunden war ich in meiner eigenen leeren, ungemütlichen Wohnung. Ich legte mich ins Bett und schlief ein paar Stunden.

Um neun Uhr in der Frühe war ich wieder im Krankenhaus. Georg war einigermaßen ausgeruht, aber sehr schwach. Ich durfte eine Stunde an seinem Bett sitzen. Das leise Flüstergespräch, das wir hatten, gehört zu meinen schönsten Erinnerungen.

Am Nachmittag wurde aus dem Krankenhaus bei mir angerufen.

Es war vorüber.

Ich saß wieder im Zug. Genau vor einer Woche war ich in der umgekehrten Richtung gefahren.

Ich war schrecklich müde. Und doch: alles was ich in dieser Woche durchgemacht hatte, war rein gar nichts im Vergleich zu dem, was mir jetzt bevorstand.

Ich hatte mit Anne-Grete telefoniert. Wir waren uns darin einig gewesen, daß Lisbeth das Begräbnis erspart werden sollte. Sie sollte nichts erfahren, ehe ich wieder da war. Ich war der einzige Mensch, der es ihr sagen konnte.

Ich schloß die Augen und lehnte mich zurück. Glücklicherweise war ich allein im Abteil. Nichts störte mich. Meine beiden Unterredungen mit Georg – die Aufzeichnungen in dem kleinen Notizbuch – die Abrechnungen

– Lisbeths Sparkassenbuch – und der Einblick, den ich in Georgs und Lisbeths Zusammenleben hatte tun können –, das alles vermittelte mir ein klares und lebendiges Bild von Georg – dem stillen, verschlossenen, bleichen Georg, an den niemand richtig hatte herankommen können.

Er hatte eine kurze, aber glückliche Ehe gehabt. Nach knapp einem Jahr war Lisbeth geboren worden, und zwei Monate später war Lisbeths Mutter gestorben. Eine kurze Zeit wohnte Georgs Schwiegermutter bei ihm. Sie sorgte für Lisbeth und half im Haushalt. Dann hatte sie zu ihren Pflichten daheim zurückkehren müssen. Sie war Witwe und ernährte sich und ihre Tochter ziemlich kümmerlich mit Hilfe des kleinen Fremdenheimes, das sie in einer Stadt in Nordnorwegen nach dem Tode ihres Mannes aufgemacht hatte.

Georgs ganzes Dasein wurde fortan dadurch bestimmt, daß er Lisbeths Vater war. Er stand sehr zeitig auf, wusch die Windeln, kochte Brei für Lisbeth, wusch und fütterte sie und brachte sie schließlich in den Kindergarten. Nach Geschäftsschluß holte er sie wieder ab, kochte wieder für sie, wusch wieder die Windeln, bereitete für sich selber Essen, säuberte den Fußboden, wischte Staub, räumte auf, wusch ab – der Tag verging, und erst tief in der Nacht war er fertig. Dann sank er todmüde ins Bett und schlief – so gut es eben ging. Denn Lisbeth hatte Leibschmerzen, und Lisbeth bekam Zähne. Um halb sechs am nächsten Morgen mußte er bereits auf den Beinen sein, und alles fing von vorne an.

Lisbeth war ein paar Jahre alt, als Georg merkte, daß er krank war.

Er hatte Fieber und Schwindelanfälle und einen lästigen, kratzenden Hustenreiz – es war kein richtiger, ehrlicher Husten, sondern ein trockenes, quälendes Hüsteln. Er verlor an Gewicht, wurde knochig und mager, und seine Augen bekamen einen krankhaften Glanz.

Er nahm sich mächtig zusammen. Er zwang sich zum Essen, er nahm Tran, aß Obst, trank Milch, er schlief bei offenem Fenster, er studierte Zeitschriften und Broschüren über gesunde Lebensführung.

Er siedelte aus dem Schlafzimmer ins Wohnzimmer über und schlief auf dem Diwan. Als Lisbeth anfing, die kleinen Arme nach ihm auszustrecken, gewöhnte er sie daran, ihm die Hand zu drücken, anstatt ihn zu umarmen. Er wußte, daß der Auswurf eine starke Ansteckungsgefahr bedeutet. Aber Georg spuckte und hustete nicht. Er benutzte Papiertaschentücher, die er hinterher verbrannte. Er wusch sich unzählige Male im Laufe des Tages die Hände, und er gewöhnte Lisbeth an eine peinlich durchgeführte Reinlichkeit.

Hin und wieder fühlte er sich besser und fing dann an zu hoffen, es wäre alles gar nicht so schlimm. Aber dann kamen wieder Zeiten, in denen er schwere Rückfälle erlitt – Wochen voller Fieber und Erschöpfung, Wochen, in denen er nachts in kaltem Schweiß lag und tagsüber nichts zu essen vermochte.

Zu alledem kamen die kümmerlichen wirtschaftlichen Verhältnisse. Er verdiente nicht einmal besonders schlecht, aber er brachte jeden Monat größere Beträge für Lisbeth auf die Sparkasse. Hier hielt ich nun Lisbeths Sparkassenbuch in der Hand. Am Ersten und Fünfzehnten jeden

Monats war Geld eingezahlt worden. Viel Geld in Anbetracht der Verhältnisse, in denen Georg lebte. Er sorgte dafür, daß Lisbeth, wenn auch einfach, so doch ordentlich gekleidet war. Was allerdings sein eigenes Aussehen betraf, so wurde er nach und nach gleichgültig.

Er und Lisbeth lebten ganz für sich. Er hatte einfach nicht die Zeit dazu, irgendwelchen Verkehr zu pflegen. Lisbeth war sein einziger Umgang. Abend für Abend plauderte er mit ihr, und er freute sich jedesmal, wenn sie ein neues Wort erlernt hatte oder wenn er einen Fortschritt, eine Veränderung an ihr wahrnahm.

Sie war ungewöhnlich frühreif. Georg sprach mit ihr wie mit einem Erwachsenen. Und sie hörte aufmerksam zu, die klugen, blanken, braunen Augen auf ihn gerichtet.

„Du mußt das richtig verstehen, Lisbeth", sagte Georg etwa zu ihr. „Ich würde dir schrecklich gern zu Weihnachten ein großes Geschenk kaufen, aber ich habe nicht das Geld dazu. Und wenn ich all mein Geld hernähme und gäbe es für ein Geschenk aus, dann hätten wir nichts mehr, wofür wir uns Essen kaufen könnten."

Das war klar und einleuchtend. Es war eine Tatsache, der man sich zu fügen hatte. Lisbeth wurde dadurch in keiner Weise verbittert.

Ganz selten einmal holte Georg seine Geige hervor und spielte auf ihr. Dann saß Lisbeth mäuschenstill auf ihrem Stuhl und lauschte aufmerksam. Sie liebte Musik. Auch darin glich sie ihrem Vater.

Und die Jahre vergingen.

Georg wurde es manchmal eiskalt vor Angst. Was sollte

aus dem kleinen Wesen werden, wenn er nicht mehr lebte? Sie hatte niemanden auf der Welt – außer einer alten Großmutter, die schwer kämpfen mußte, um existieren zu können. Die Großmutter konnte sich nur dann Lisbeths richtig annehmen, wenn für ihren Unterhalt bezahlt wurde.

Und Georg brachte noch mehr Geld auf die Sparkasse und gönnte sich selber noch weniger als zuvor.

Am Morgen des Tages, an dem er starb, machte Georg mir ein Geständnis. Seitdem ich erklärt hatte, ich werde Lisbeth mit mir in die Berge nehmen, hatte er die Lösung geahnt. Ich lebte in guten Verhältnissen, war jung und hatte Lisbeth lieb. Vielleicht konnte es Lisbeth erspart bleiben, daß sie zu ihrer Großmutter mußte.

Ja. Es sollte ihr erspart bleiben!

Ich hatte in den Tagen, die auf Georgs Tod folgten, allerlei geschafft. Ich hatte seine Wohnung gekündigt, die Möbel eingelagert, Lisbeths Kleider zu mir gebracht und ihre Großmutter in einem langen Brief von allem unterrichtet.

Dann war Georg begraben worden. Es war ein einsames, trauriges Begräbnis gewesen. Außer mir hatten ihm nur ein paar Kollegen aus seinem Geschäft die letzte Ehre gegeben. Schließlich war ich auf dem Gericht gewesen, hatte geredet, erklärt und bezahlt, was zu bezahlen war. Ich war todmüde.

Aber mitten in aller meiner Müdigkeit spürte ich ein heißes Glücksgefühl: Lisbeth gehörte mir!

Sie war nun mein eigenes Kind – mein wundervolles kleines Mädchen –, und niemand auf der Welt sollte es mir wieder wegnehmen!

Der Zug verlangsamte die Fahrt und hielt. Wir waren da.

Anne-Grete nahm mich auf dem Bahnhof in Empfang. Lisbeth stattete gerade der Alm einen Besuch ab und spielte mit Perle und Graubein.

Als wir uns der Berghütte näherten, kam sie angelaufen. Sie war noch brauner, strotzte noch mehr von Gesundheit als vor meiner Abreise. Die neue blaue Trägerhose war ihr schon fast zu eng geworden.

„Steffi! Steffi! Guten Tag! Du bist aber lange weggeblieben!“

„Ich werde das Gepäck ins Haus tragen“, sagte Anne-Grete mit merkwürdig belegter Stimme.

„Komm, Lisbeth!“ sagte ich. „Nun gehen wir beide hinein!“

In einem der großen Sessel vor dem Kamin saß ich mit Lisbeth auf dem Schoß. Sie hatte ihre Arme fest um meinen Hals geschlungen, den Kopf an meine Brust gepreßt und weinte.

Sie saß schon lange so. Ihr Gesicht war ganz heiß und von dem vielen Weinen geschwollen.

Ihr kleiner Körper zuckte krampfhaft. Zuerst war sie ganz bleich geworden – hatte ein paar verwirrte, zusammenhanglose Fragen gestellt – und was keine Freude, keine Überraschung zu bewirken vermocht hatte, das hatte ihr verzweifelter Kummer bewirkt: Sie warf sich an meine Brust, klammerte sich an mich und weinte sich, von grenzenlosem Schmerz geschüttelt, an meiner weißen

Bluse aus. Ich spürte die Feuchtigkeit ihrer Tränen auf meiner Haut. Und ich konnte ihr nur auf eine einzige Weise helfen: Ich ließ sie sich ausweinen.

Nach einer langen, langen Zeit wurde sie etwas ruhiger. Es war, als hätte sie sich völlig ausgeleert. Sie war todmüde, konnte einfach nicht mehr weinen.

„Steffi!" sagte eine heisere, müde, gequälte Stimme.

„Ja, mein Häschen?"

„Es ist gerade so, als wäre es nicht wahr. Es ist, als könnte ich es nicht glauben."

„Kannst du wohl ruhig zuhören, wenn ich dir etwas erzähle?"

„Ja", flüsterte sie.

„Ich will dir nur sagen, daß dein Vater es so gut hatte, als ich mit ihm sprach. Er lag in einem wundervollen Bett in einem hellen Zimmer, und eine tüchtige und süße Krankenschwester pflegte ihn. Und als ich dann an seinem Bett saß, da habe ich ihm erzählt, daß ich dich furchtbar gern bei mir behalten möchte – daß du auf immer bei mir bleiben sollst, verstehst du?"

Lisbeth richtete sich auf und blickte mich an.

„Ich soll bei dir bleiben? Für immer? Bei dir wohnen? Auch wenn wir wieder in der Stadt sind?"

„Ja – wenn du es willst. Ich habe dein Bett in meine Wohnung bringen lassen. Es steht jetzt in meinem Schlafzimmer – unmittelbar neben der Tür zum Badezimmer – da, wo früher die kleine Kommode stand, weißt du?"

„Steht da jetzt mein Bett?"

„Ja. Und alle deine Kleider hängen in meinem Kleiderschrank. Und du sollst deine eigenen Haken im Badezimmer und auf dem Flur bekommen. Und wenn du im Herbst zur Schule gehst, dann stellen wir einen kleinen Tisch, an dem du deine Schularbeiten machen kannst, an das Schlafzimmerfenster."

Die Tränen hatten ganz aufgehört. Lisbeth war überwältigt.

„Und dann soll ich jede Nacht bei dir schlafen? Und jeden Tag mit dir zusammen essen – und für immer?"

„Ja. Für immer. Vielleicht kannst du auch manchmal Erna etwas in der Küche helfen – oder einen Gang für sie machen – oder für mich – – Hör mal, Lisbeth! Jetzt muß ich dich etwas fragen. Gibt es irgend etwas, worüber du dich ein klein wenig freuen könntest? Gibt es etwas, was du dir wünschst – etwas, was du ganz schrecklich gern haben möchtest?"

Lisbeth sah mich mit großen, blanken Augen an. Ihr kleines Gesicht war noch immer geschwollen von dem vielen Weinen.

„Natürlich gibt es eine ganze Menge, was ich gern haben möchte – aber ich glaube nicht, daß ich mich je wieder über etwas auf der Welt richtig freuen kann." Die letzten Worte klangen wie ein Schluchzen. Und nun begann das Weinen aufs neue – ein müdes, hoffnungsloses, aus wundem Herzen kommendes Weinen.

Endlich bekam ich Lisbeth ins Bett. Sie war von dem vielen Weinen ganz erschöpft und so todmüde, daß sie sogleich in Schlaf fiel.

Da bat ich Anne-Grete, nach dem Bahnhof zu radeln und einen Brief einzuwerfen, der noch mit dem Nachtzug mit sollte. Er enthielt eine Bestellung auf ein Fahrrad für Lisbeth mit dem Vermerk, es solle umgehend geschickt werden.

Als Anne-Grete und ich dann später am Abend vor dem Kamin saßen, erzählte sie, Carl wäre dagewesen. Er war mit dem Auto von Oslo gekommen und hatte sie gebeten, mir auszurichten, ich möchte ihn, sobald ich zurück wäre, in seiner Berghütte anrufen. Die Rufnummer hatte er aufgeschrieben.

„Lisbeth war an dem Tage übrigens sehr merkwürdig", sagte Anne-Grete. „Sobald sie sah, wer da kam, lief sie weg und ließ sich nicht eher wieder blicken, als bis er fortgefahren war. Sie wäre bei Perle und Graubein gewesen, sagte sie. Als ich sie aber fragte, warum sie so unhöflich gewesen wäre, gab sie keine Antwort. Ein merkwürdiges Kind! Sonst ist sie doch die Höflichkeit und Wohlerzogenheit selber!"

Ich lächelte still vor mich hin. Ich mußte daran denken, wie Lisbeth Carl gekennzeichnet hatte. „Er ist dumm", hatte sie gesagt. Eine schlichte, offenherzige und erschöpfende Kennzeichnung!

„Und nun sollst du also Mutterpflichten übernehmen", sagte Anne-Grete. „Wie wird sich das wohl mit Carl Lövolds Zukunftsplänen reimen?"

„Mag es sich nun reimen oder nicht", sagte ich, „auf keinen Fall lasse ich Lisbeth im Stich."

Anne-Grete legte ihre Hand auf meine.

„Das ist fein von dir, Steffi! Ich bewundere dich."

„Da ist nichts zu bewundern. Weißt du denn nicht, daß ich das kleine Ding unbeschreiblich liebhabe? Ich freue mich riesig darauf, sie ganz für mich zu haben, sie gut zu pflegen, hübsch zu kleiden, für ihre Gesundheit zu sorgen – oh, Anne-Grete, es ist ein wundervolles Gefühl, einen Menschen zu haben, für den man arbeitet!"

„Das kann ich gut verstehen", sagte Anne-Grete langsam. „Aber vergiß eins nicht, Steffi. Es kann wohl sein, daß du mit Lisbeth Enttäuschungen erlebst. Auf jeden Fall aber ist es todsicher, daß du manchen Verdruß bekommen und manche Angst ausstehen wirst. Es ist nicht dasselbe, wie wenn man mit einer Puppe spielt oder mit einem kleinen Hund oder einem Kätzchen. Ich bin nicht ganz sicher, ob du dir darüber klar bist, was du auf dich nimmst – aber *daß* du es tust, darin bin ich mit dir völlig einig."

Ich hörte Lisbeth leise wimmern und ging zu ihr. Nein, ich mußte mich wohl getäuscht haben. Sie schlief. Ich sagte Anne-Grete gute Nacht und ging zu Bett.

Ich war gerade im Begriff einzuschlafen, als ich durch einen Schrei aufgeweckt wurde. Ich machte schnell Licht.

„Lisbeth! Was hast du?"

„Ich habe so häßlich geträumt – und da bin ich aufgewacht – und da fiel mir ein, wo ich bin – – und da – Steffi! Weißt du noch, was du einmal gesagt hast? Du hast gesagt, die Kinder, die eine Mutter haben, kriechen zu ihr ins Bett, wenn sie in der Nacht etwas Häßliches geträumt haben."

„Ja. Möchtest du vielleicht – –"

„Können wir nicht so tun – – Steffi! Können wir nicht so tun, als ob du meine Mutti bist?"

„Komm, kleine Lisbeth!"

Die kleine Gestalt im blaugestreiften Flanell kam die Leiter vom Oberbett heruntergeklettert. Wie hatte sie sich an den ersten Abenden über diese Leiter amüsiert!

„Du, Steffi!" sagte Lisbeth, als sie in meinem Arm lag. „Jetzt sind wir noch ähnlicher, du und ich."

„Wie meinst du das, mein Häschen?"

„Jetzt haben wir beide keinen Vater und keine Mutter mehr."

Das Weinen drohte aufs neue loszubrechen.

„Aber wir haben doch einander, Lisbeth. Du hast doch eine Mutter, und ich habe doch eine Tochter – wenn wir auch bloß so tun."

„Ja", sagte Lisbeth.

Sie hatte ganz sicher noch nie einen Menschen geküßt. Ich weiß daher nicht, was sie trieb, als sie ihren warmen kleinen Mund auf meine Wange drückte.

Ich fühlte mich so reich und war dem Herrgott so unsagbar dankbar, daß ich dieses warme kleine Wesen, das sich so vertrauensvoll an mich schmiegte, fortan besitzen sollte.

Es war wundervoll, Mutter zu sein – auch wenn man bloß „so tat".

Wenn wir über die ersten Tage so einigermaßen hinwegkamen, so hatten wir das einzig und allein Anne-Grete zu verdanken. Sie war unbezahlbar. Sie sprach und scherzte mit Lisbeth genauso wie früher. Sie kümmerte sich sehr viel um sie, aber nicht so, daß es auffiel. Sie ließ sie nie unbeschäftigt. Sie bat sie um kleine Dienstleistungen und weihte sie tiefer in die Geheimnisse der Kunst des Schreibens ein. Und dann sorgte natürlich auch das Fahrrad dafür, sie in Atem zu halten. Ich hatte übrigens schnell eingesehen, daß mein Gedanke, ihr in diesem Augenblick ein Rad zu schenken, eine Dummheit gewesen war. Ich hätte dem armen Ding fürs erste jede neue Sinnesbewegung ersparen müssen. Kaum hatte sie den Schock, den sie bei der Nachricht von dem Tode ihres Vaters erlitten, einigermaßen überwunden, als sie plötzlich vor ein schimmerndes, rot lackiertes Fahrrad geführt wurde, das, wie man ihr versicherte, ihr ganz allein gehören sollte. Zuerst wurde sie blaß – dann begann sie heftig zu schluchzen. Das arme Kind! Ohne sich recht darüber im klaren zu sein, hatte sie wohl das Empfinden, daß das Rad ein großer Trost in einem großen Schmerz sein sollte. Dadurch wurde der Schmerz noch größer und fühlbarer.

Es ging aber besser, als wir hatten erwarten können. Gott sei Dank war Lisbeth trotz ihrer Frühreife doch ein richtiges Kind geblieben. Sie konnte daher die Freuden des Augenblicks genießen und darüber ihren Kummer vergessen. Sie strahlte über das ganze Gesicht, als sie zum ersten Male – auf ihrem eigenen Rade! – mit Anne-Grete und mir nach Geilo fuhr. So wurde das Trostgeschenk schließlich doch zu einem wirklichen Trost.

Mir graute vor dem Tage, an dem Anne-Grete uns verlassen würde. Ich war mir noch nicht darüber schlüssig geworden, was ich tun sollte. Ob ich Tante Helga bat, heraufzukommen? Oder Erna? Zum Glück beantwortete diese Frage sich ganz von selber.

Anne-Grete war am Freitag zum Bahnhof geradelt, um für den Sonntag eine Platzkarte zu bestellen. Auf der Heimfahrt stürzte sie und blieb hilflos liegen. Ein Auto, das gerade des Weges kam, las sie auf und brachte sie zu einem Arzt, der einen Knöchelbruch feststellte. Als ich erfuhr, was geschehen war, radelte ich mit Lisbeth sofort nach Geilo, um sie abzuholen. Am Nachmittag waren wir wieder zu Hause – Anne-Grete mit dem einen Bein im Gipsverband.

Krankmeldung und ärztliches Zeugnis wurden nach Oslo geschickt. Anne-Grete erhielt Urlaub auf unbestimmte Zeit, allerdings einen sehr ruhigen Urlaub, in unserem bequemsten Lehnsessel, mit dem Bein auf einem Schemel.

„Jaja", sagte sie, in ihr Schicksal ergeben. „Wenn ich nun einmal krank sein soll, so macht es keinen großen Unterschied, ob ich es hier bin oder zu Hause – vorausgesetzt natürlich, daß du die Plackerei mit mir auf dich nehmen willst." Ob ich es wollte!

Lisbeth und ich erörterten ernsthaft die Frage, ob wir Erna kommen lassen sollten oder ob wir versuchen wollten, ohne fremde Hilfe fertig zu werden.

„Wir werden allein fertig!" sagte Lisbeth. „Wir wollen keinen weiter hierhaben."

Und so geschah es.

Lisbeth nahm ihre alten Künste mit Abwaschen und Staubwischen wieder auf. Den meisten Spaß aber machte ihr das Einkaufen. Sie hatte zwei kleine Radtaschen bekommen, auf die sie sehr stolz war. Sie radelte ganz allein nach Geilo und brachte Gemüse, Brot und Kolonialwaren in ihren Taschen nach Hause. Sie war zum Platzen stolz und wickelte Anne-Grete und mich um ihren kleinen Finger.

Ich rief bei Carl an und sagte ihm, ich könne ihn unter diesen Umständen unmöglich besuchen. Da kam er selber nach Geilo. Er brachte für Anne-Grete und mich Obst und Konfekt mit. Lisbeth bekam ein großes Bilderbuch.

„Vielen Dank", sagte Lisbeth höflich und machte einen Knicks.

„Kannst du schon selber in dem Buch lesen?" fragte Carl.

„Ja", sagte Lisbeth.

„In welche Klasse gehst du denn?" fragte Carl.

„Ich soll zum Herbst in die Schule kommen", sagte Lisbeth.

Carl war reizend und taktvoll. Am Nachmittag fuhren wir mit seinem Wagen nach seiner Berghütte. Sie machte einen imponierenden Eindruck. Ich hätte es mir nicht träumen lassen, daß es mitten im Gebirge ein so bequem eingerichtetes Haus geben könne. Es hatte Bad und Telefon, eine Küche mit rostfreiem Stahl und Warmwasserspeicher. Für eine Berghütte war das Haus eigentlich zu elegant.

„Ich liebe die Bequemlichkeit", sagte Carl. Er streckte sich auf einem länglichen, merkwürdigen, aber äußerst bequemen Liegestuhl aus, und ein Mädchen in Schwarz und Weiß bot Kaffee und Cognac an.

Ich fühlte mich fremd.

Es war Besuch da – aus Bergen –, ein mit Carl befreundetes Ehepaar. Er war Geschäftsmann, sie Schauspielerin. Sie sah aus, als hätte sie schön sein können. Vielleicht wäre sie es auch gewesen, wenn man alle Bemalung weggekratzt hätte, so daß man hätte nachgucken können.

Es waren nette, angenehme Menschen, mit denen man gern zusammensaß und plauderte. Sie zeigten aufrichtiges Interesse, als ich ihnen von meiner kleinen Pflegetochter erzählte, die ihren Vater verloren hatte, und von meiner Freundin, die durch ihren Gipsverband zur Untätigkeit verurteilt war.

„Zu schade, daß Sie nicht hierbleiben können!“ sagte die kleine, geschminkte Schauspielerin. „Wir haben es hier wundervoll, und Carl ist der beste Gastgeber von der Welt.“

„Das glaube ich gern“, sagte ich lächelnd. „Ich habe auch schon diese Erfahrung gemacht.“

Frau Rawen – so hieß die Schauspielerin – wollte mir die übrigen Räume des Hauses zeigen. Während wir von Zimmer zu Zimmer gingen, bestätigte sich mein erster Eindruck: Es war wirklich eine imponierende Berghütte. Nichts war vergessen, was zur Erhöhung der Bequemlichkeit dienen konnte, und alles war sehr stilvoll – wenn man Porzellanwaschschüsseln und Wandspiegel in einer Berghütte stilvoll nennen kann.

In dem einen Schlafzimmer stand ein Kinderbett, und auf einem Gesims lagen Bilderbücher und Spielzeug.

„Aber was – –“ sagte ich.

„Ach, das liegt alles noch so da, wie Annchen es hat liegenlassen“, sagte Frau Rawen.

„Annchen?“

„Nun ja: Carls Tochter – die kleine Marianne.“

„Ach so“, sagte ich. Glücklicherweise hatte ich es schon

in früher Jugend gelernt, mir nicht anmerken zu lassen, was in mir vorging. „Wie alt ist Annchen jetzt eigentlich?“ fragte ich nach einer kurzen Pause.

„Zehn oder elf – ungefähr. Haben Sie sie schon einmal gesehen?“

„Nein. Nie.“

„Warten Sie! Ich glaube, ich habe –“ Frau Rawen lief in ihr Schlafzimmer und kehrte mit einem Stoß Bilder zurück. „Sehen Sie! – Diese Aufnahmen machten wir vor – ja: vor drei Jahren – es war am Ostersonntag – kurz bevor Carl und Lillian sich trennten. Hier ist ein ganz besonders gut gelungenes Bild von Annchen –“

Es war eine Nahaufnahme. Sie mußte mit einem sehr guten Apparat gemacht worden sein. Ein strahlend schönes Kindergesicht, Carl sehr ähnlich, aber mit weicheren Zügen und mit einer Fülle blonder Locken.

„Wie niedlich sie ist!“ sagte ich.

„Ja, es ist ein schönes Kind. Die Eltern sehen ja auch beide gut aus. Lillian wurde sehr umschwärmt, das kann ich Ihnen sagen. Sie war meine Kollegin. Wir spielten zusammen in ‚Nitouche‘. Abend für Abend saß Carl in der vordersten Parkettreihe, und Lillian bekam die schönsten Blumen. War das eine Liebe! Noch bevor die Operette zum letzten Male gegeben wurde, waren Carl und Lillian verheiratet. Ich verkehrte in ihrem Hause, und da habe ich auch meinen Mann kennengelernt. So habe also auch ich mein Glück gemacht. Aber ich glaube, ich war vernünftiger als Lillian. Denn ich blieb beim Theater, während Lillian ihre Laufbahn aufgab. Übrigens geschah das auf Carls Verlangen, denn er wollte nicht, daß seine Frau etwas anderes täte als dem Haushalt vorstehen, die Wirtin machen, repräsentieren und so weiter. – Und jetzt? Jetzt sitzt die arme Lillian da – – –"

„Glauben Sie nicht, daß sie zum Theater zurückkehren wird?"

„Dazu dürfte es zu spät sein. Vergessen Sie nicht: sie ist jetzt fünfunddreißig Jahre alt und seit zwölf Jahren nicht mehr aufgetreten. O nein, sie hat keinerlei Aussicht mehr. Lillian kann einem natürlich leid tun – und Annchen auch –, aber es ist doch schließlich ihre eigene Schuld. Warum war sie auch so dumm, ihre Ehe auseinandergehen zu lassen? – Aber da tue ich ihr unrecht: es war ja Carl, der sich scheiden lassen wollte! – Lillian hat übrigens sehr verloren. Es macht kein rechtes Vergnügen mehr, mit ihr zu verkehren."

„Finden Sie es nicht etwas eigenartig, daß Sie mit Carl verkehren, wo Sie doch eigentlich die Freundin seiner Frau sind?" Frau Rawen zuckte die Achseln.

„Er ist doch ein so guter Freund meines Mannes."

„Ja, gewiß. Ich verstehe."

Es fiel mir schwer, die Unterhaltung mit Frau Rawen fortzusetzen. Ich hatte über so vieles nachzudenken.

„Nun, Steffi? Wie gefällt dir meine Berghütte? Glaubst du, du könntest dich in ihr wohl fühlen?"

Carl und ich waren auf der Heimfahrt. Er fuhr langsam und vorsichtig, denn der Weg war schmal und steinig.

„Es ist eine wundervolle Berghütte, Carl. Mächtig elegant. Und du hast ja auch ein Dienstmädchen mitgenommen. Da hast du es sicher ebenso bequem wie in der Stadt."

Carl lachte.

„Ja, weißt du, ich bin etwas zu alt geworden, um noch an der ewigen Grütze und am Abwaschen Gefallen zu finden. Ich gebe ehrlich zu, daß ich mich gern bedienen lasse."

Wir schwiegen eine Weile. Dann kam ich mit der Frage, die mir sehr zu schaffen machte:

„Weshalb hast du mir nie etwas von Annchen gesagt?"

Der Wagen machte einen Sprung, als hätte der Fuß auf dem Gashebel etwas gezuckt.

„Hat Frau Rawen dir von Annchen erzählt?"

„Ja. Sie glaubte, daß ich von deiner Tochter wüßte."

„Ich kam nicht dazu, sie zu erwähnen. Sie ist ja bei ihrer Mutter. Ich sehe sie nie."

„Das muß für dich sehr schmerzlich sein, Carl." „Tja."

Er sagte nichts weiter. Ich auch nicht. Ich wollte nicht zudringlich sein.

„Ich muß in ein paar Tagen nach Bergen zurück", sagte Carl. „In der nächsten Zeit werde ich dann sehr beschäftigt sein. Aber im September komme ich wieder nach Oslo."

Wir standen auf dem Wege unterhalb der Hütte. Weiter hatte Carls Wagen nicht fahren können. Das letzte Stück – es mochten dreißig bis vierzig Meter sein – mußte man zu Fuß zurücklegen.

„Steffi", sagte Carl. „Nie kann ich mich einmal richtig mit dir aussprechen. Immer ist jemand da, der uns stört, und immer haben wir beide so schrecklich viel zu tun. Aber warte nur! Das soll anders werden. Im September."

Da kam ein kleiner Kobold in blauer Trägerhose den Hang heruntergerannt und flog in meine Arme. Und Carl wirkte plötzlich sehr fremd auf mich.

Wir hatten Besuch bekommen.

Anne-Gretes Knut hatte Ferien. Eines Tages stand er unangemeldet in unserem Wohnzimmer – ein gut aussehender, flotter, magerer, sportlich durchgebildeter junger Mann von fünfundzwanzig Jahren. Ich war mit ihm mehrere Male in der Stadt zusammengetroffen, aber ich wußte eigentlich kaum mehr von ihm, als daß er in Anne-Grete verliebt war und sie in ihn.

Es lag kein Grund vor, weshalb Knut nicht hätte dableiben sollen. Er konnte auf dem Diwan im Wohnzimmer schlafen. Als wäre es die selbstverständlichste Sache von der Welt, übernahm er sofort mindestens die Hälfte aller Hausarbeit.

Die wenigen Stunden, die er Anne-Grete allein ließ, benutzte er dazu, mit der Angelrute loszuziehen. Wenn er zurückkam, brachte er stets so viele Forellen mit, daß sie für eine oder gar zwei Mahlzeiten reichten.

Er und Lisbeth verstanden sich ausgezeichnet. Sie durfte ihn mit einer kleinen Rute, die er für sie zurechtgemacht hatte, zum Angeln begleiten. Als sie ihre erste Forelle – Gewicht etwa 75 Gramm – gefangen hatte, war sie so außer sich vor Stolz, daß man mit ihr kein vernünftiges Wort reden konnte. Natürlich bestand sie darauf, daß sie die Forelle selber braten dürfe. Als Kopf und Schwanz abgetrennt waren, blieb ihr kaum mehr als ein Mundvoll. Sie wurde mit großer Feierlichkeit verzehrt.

Da Knut jetzt im Hause war und für Anne-Grete sorgte, konnte ich auch endlich mit Lisbeth zum Beerenpflücken gehen. Ich glaube nicht, daß die andern beiden uns vermißten. So zogen wir beide denn mit Beereneimern und Futterpaketen los. Knut schenkte Lisbeth eine Gürteltasche, Anne-Grete eine Thermosflasche.

Lisbeths Glückseligkeit kannte keine Grenzen. Es machte einem ordentlich Spaß, ihr etwas zu schenken. Es fehlte ihr ja an so vielem. Daher war es auch nicht schwer, etwas für sie zu finden. Und sie war für alles so rührend dankbar. „Denke dir, Steffi", sagte sie. „Ich habe in diesem Sommer fünfzehn Geschenke bekommen!"

„Was hast du?" fragte ich.

„Ja. Wirklich. Fünfzehn Geschenke. Und dabei habe ich noch gar nicht die Äpfel und die Apfelsinen und die Schokoladentafeln mitgezählt! Aber ich habe fünfzehn richtige, große Geschenke bekommen. Zuerst habe ich den Koffer und das Dolchmesser und die Stiefel bekommen. Die hat mir Vater geschenkt." Sie schluckte ein paarmal krampfhaft und fuhr dann fort: „Und dann habe ich die Trägerhose und eine Strickjacke bekommen. Das sind fünf Geschenke. Dann das Rad – das macht sechs – und die Radtaschen – sieben und acht, denn es sind ja zwei Taschen. Dann das Bilderbuch von Herrn Lövold, das sind neun. Dann die Tafel – den Griffel – elf – den Schwamm – zwölf. Und jetzt habe ich noch einen Beereneimer bekommen – dreizehn – eine Gürteltasche – vierzehn und die Thermosflasche. Das macht im ganzen fünfzehn. Ist das nicht eine Masse Geschenke?"

„Und dabei hast du noch eins vergessen!" sagte ich.

„Was denn?"

„Denke mal ordentlich nach, Lisbeth! Hast du nicht noch etwas bekommen?"

Lisbeth dachte angestrengt nach. Plötzlich erhellte sich ihr Gesicht, und sie schlang die Arme um meinen Hals.

„Ja! Ich habe dich noch bekommen!"

Sie war impulsiv geworden, mein kleines Mädchen. Sie hatte gelernt, was Liebkosungen sind, und verschwendete sie an mich.

„Nicht wahr? Das hattest du ganz vergessen. Ich kann es aber gut verstehen, daß du dich am meisten über das Fahrrad und die Gürteltasche freust. Aber an dritter Stelle komme doch ich hoffentlich?"

Lisbeth sah mich ernsthaft an.

„Wie du nur so sprechen kannst! Du kannst dir doch denken, Steffi, daß ich dich noch lieber habe als das Rad!"

Nun, war das etwa kein Kompliment?

Lisbeth und ich pflückten Beeren.

Stundenlang kauerten wir neben den Blaubeerbüschen und pflückten. Lisbeth hatte eine erstaunliche Ausdauer. Sie gab nicht eher auf, als bis der kleine Eimer voll war, und man muß viele Beeren beisammen haben, wenn man einen Eimer füllen will – mag es sich auch nur um einen Halblitereimer mit Micky-Maus-Bildern drauf handeln. Das Pflücken von Blaubeeren erfordert viel mehr Ausdauer als das von Multbeeren und Himbeeren. Wenn wir ein paar Stunden gepflückt hatten, tranken wir zur Stärkung Kakao aus der Thermosflasche und aßen eine Menge belegter Brote dazu.

„Denke dir, Lisbeth!" sagte ich. „Heute hast du drei Liter gepflückt! Sechsmal hast du deinen kleinen Eimer in den großen ausgeleert. Weiß du was? Jetzt gehen wir nach Geilo und kaufen hübsche kleine Einmachgläser! Dann kannst du deine Beeren selber einmachen und deinen Namen außen auf die Gläser schreiben. Auf diese Weise kannst du dich für den Winter mit eigenem Eingemachtem versorgen."

War das ein Leben! Lisbeth sah zu, wie ich die Beeren und den Zucker abwog, und rührte dann mit glühenden Backen und ernster Miene im Topf herum.

„Jetzt bist du auf dem richtigen Wege", sagte Anne-Grete zu mir. „So mußt du Lisbeth behandeln. Beschäftige ihre Gedanken und ihre Hände. Das ist genau das, was sie braucht."

Acht kleine Einmachgläser wurden es. Um jedes war mit großer Sorgfalt Pergamentpapier gebunden, und auf jedem stand mit den rührendsten schiefen Buchstaben „Lisbeths Blaubeeren" zu lesen.

Nun begannen auch die Multbeeren auf den Mooren und Hügeln reif zu werden.

Knut und Anne-Grete – die eine Gehbandage erhalten hatte, mit deren Hilfe sie in der Hütte und draußen herumhumpeln und sich sogar etwas nützlich machen konnte – bekamen Lisbeth und mich nicht mehr viel zu sehen.

Wir brachen am frühen Morgen auf und blieben den ganzen Tag fort. Knut sorgte dafür, daß das Essen fertig war, wenn wir nach Hause kamen. Das Abwaschen dagegen übernahmen Lisbeth und ich, denn am Abend sollten die beiden anderen, unbeschwert von häuslichen

Pflichten, Zeit haben, sich an den Kamin zu setzen und über Heirat, Wohnung und Möbel zu plaudern.

Eines Tages hatten wir unsere Räder genommen und waren ziemlich weit gefahren. Wir stellten sie auf einer Sennalpe unter und wanderten über den Berg. Plötzlich stießen wir auf ein Multbeermoor, wie ich es in meinem Leben nicht gesehen hatte. Überall, soweit das Auge reichte, leuchtete es golden und rot. Man brauchte sich nur niederzulassen und zu pflücken – solange man es aushielt.

„Sie sehen wie goldene Fingerhüte aus“, sagte Lisbeth lachend. „Sieh! Steffi!“

Sie streckte mir die linke Hand entgegen. Auf jedem Finger saß eine Multbeere.

„Willst du sie haben?“

Ich öffnete lachend den Mund und pflückte mit den Lippen die Beeren von Lisbeths Fingerspitzen ab.

„Guten Tag!“ sagte eine fremde Stimme hinter unserem Rücken.

Ich schrak zusammen, wandte mich um und blinzelte mit den Augen. Daß ein Mensch imstande war, sich uns unbemerkt zu nähern, konnte ich zur Not verstehen, denn der Lärm des Wasserfalls in unserer Nähe mochte das Geräusch der Schritte wohl leicht übertönen.

Was mich aber so verwirrte, war die Feststellung, daß der Ankömmling ein breites, kräftiges Kinn und eine widerspenstige braune Haarsträhne tief in der Stirn und ein jungenhaftes Lächeln hatte.

„Aber das – –“ sagte ich.

„Guten Tag!“ sagte Lisbeth. „Bist du auch hier?“

„Aber du bist doch das kleine Mädchen vom Konnerudkollen!“ sagte Heming Skar lächelnd. „Hat dein Vater Angst ausgestanden, weil du über Nacht nicht nach Hause kamst?“

„Ach nein“, sagte Lisbeth. „Du hattest ihm ja Bescheid gesagt.“

„Ist dein Vater nicht hier?“

„Nein – – Vater ist – Vater ist –“ Lisbeth schluckte heftig. „Vater ist jetzt tot“, sagte sie endlich, Heming Skar tapfer ins Auge blickend.

Heming Skar ließ den Blick auf Lisbeth ruhen. Sein Gesicht hatte einen warmen Ausdruck, als er ihr über das wirre Haar strich.

„Arme Kleine!“ sagte er. Dann hob er ihr Kinn etwas an und lächelte.

„Aber wie ich sehe, hast du deine nette Tante bei dir.“

„Steffi ist nicht meine Tante. Aber wir tun so, als wenn sie meine Mutti wäre.“

„Soso“, sagte Heming Skar. „Nun, das ist ja noch viel besser. Und wie steht es mit den Multbeeren? Sind sie gut?“

„Wundervoll“, sagte Lisbeth. Schnell hatte sie wieder ihre Fingerspitzen vollgesteckt. „Bitte schön!“

Heming Skar lachte und aß ihr die Beeren von den Fingern.

„Gefährliche kleine Lisbeth“, fuhr es wie ein Blitz durch mich. „Kleine, raffinierte Frau – was wird wohl in zehn Jahren aus dir werden?“

„Soll ich dir beim Pflücken helfen?“ fragte Heming Skar.

„Du mußt doch für dich selber pflücken“, sagte Lisbeth.

„Nein, ich pflücke für dich. Stelle den Eimer hierher. Nun wollen wir sehen, wie lange es dauert, bis er voll ist."

Bisher hatte ich kein Wort gesprochen. Aber bald war ein munteres Gespräch im Gange. Menschen, die sich hoch oben im Gebirge begegnen und zusammen Multbeeren pflücken, bekommen schnell das Gefühl, als wären sie alte Bekannte, auch wenn sie früher kaum ein paar Worte miteinander gewechselt haben. Und Heming Skar plauderte so unbefangen und so munter darauflos, daß mir war, als hätte ich ihn schon seit Jahren gekannt.

Er machte eine Fußwanderung, erzählte er. Ich warf einen Blick auf seinen Rucksack, den er in der Nähe abgesetzt hatte. Er sah ziemlich gewichtig aus.

„Wie weit wollen Sie heute noch?" fragte ich.

„Ich hatte eigentlich gedacht bis Geilo. Ich muß Brot und Zucker kaufen. Aber es wird wohl etwas spät – –"

„Puh!" rief Lisbeth. „Es regnet!"

Ja. Es regnete. Auf die ersten Tropfen folgte ein leichter Schauer. Eine kurze Beratung endete damit, daß Heming Skar auf meinem Rade fuhr, mit mir auf dem Gepäckträger. Lisbeth hatte ja ihr eigenes Rad. Im strömenden Regen ging es nach Hause.

Selbstverständlich lud ich Heming Skar zum Essen ein. Ohne erst Redensarten zu machen, nahm er dankend an.

„Sie müssen schön naß sein", hörte ich Knuts Stimme, als wir vor unserer Hütte angelangt waren. Gleich darauf öffnete er die Tür, blieb wie versteinert an der Schwelle stehen und machte ein maßlos erstauntes Gesicht. Heming Skar schien nicht minder überrascht zu sein.

„Knut!“ rief er.

„Heming! Ja, ist es die Möglichkeit? Wie kommst du denn hierher?“

„Von Dagali“, sagte Heming. „Aber was machst du hier?“

„Ich koche Essen und pflege Anne-Grete“, sagte Knut. „Sie hat sich einen Knöchel gebrochen. Komm herein, Heming! – Anne-Grete! – Hinke mal her! – Das ist Heming, von dem ich dir erzählt habe – er kommt direkt vom Himmel herabgeschneit – Zieh deine Lumpen aus, Heming! Du kannst dich dort in der roten Kammer umkleiden – – und der Diwan im Wohnzimmer ist breit genug – da können wir beide schlafen.“

Ich stand stumm im Hintergrund und überließ es den beiden Freunden, ihrer Wiedersehensfreude beredten Ausdruck zu verleihen. Die Erklärung würde wohl später kommen.

Sie kam beim Essen.

Heming war der jüngste Sohn eines Pfarrers und in einem kleinen Ort in den Bergen aufgewachsen. Zwei seiner Brüder hatten studiert. Auch er selber träumte davon, eines Tages zu studieren und Ingenieur oder Lehrer zu werden. Aber keiner dieser Träume sollte, wie es schien, in Erfüllung gehen.

Der Vater starb, als Heming gerade das Mittelschulexamen bestanden hatte. Er wurde Laufjunge und Handlanger in einer Automobilwerkstätte der nächsten Stadt. Er hielt dort ein paar Jahre aus. Vielleicht wäre es gar nicht schlecht gewesen, wenn er ein tüchtiger Automechaniker geworden wäre. Aber er konnte die alten Träume nicht vergessen. Er ging zwei Jahre zur See und sparte fast seine ganze Heuer. Als er wieder daheim war, ging er nach Oslo und arbeitete dort in einer Werkstätte. Er erreichte mit Mühe, daß er um halb fünf mit der Arbeit aufhören durfte. Von fünf bis acht besuchte er einen Vorbereitungskurs auf das Abitur.

Es war ein schweres Jahr. Kein Wunder, daß er stark abgenommen hatte, als es zu Ende war. Das Examen bestand er, aber seine Stelle war er los. Als er in den Examenstagen um Urlaub gebeten hatte, war seinem Meister die Geduld ausgegangen. Er hatte ihn kurzerhand an die Luft gesetzt.

Nun stand Heming da: mit einem guten Zeugnis in der Tasche und mit einem Vermögen von siebenundvierzig Kronen.

Für den Sommer kam er in einem Reisebüro als Chauffeur unter und verdiente da nicht schlecht. Er konnte manche Krone für den Winter zurücklegen. Aber diese Ersparnisse reichten natürlich nicht aus, um die Kosten des Lebensunterhalts und des Studiums zu decken. Er übernahm jede Arbeit, wo er sie fand, und wenn es sich darum handelte, anderen Leuten den Christbaum in die Wohnung zu tragen.

Er glaubte, er würde noch ein Jahr durchhalten müssen. Dann wollte er sich ins Examen wagen.

Knut hatte ihn kennengelernt, als er vor vielen Jahren seine Sommerferien bei Verwandten in einem kleinen Gebirgsort verbrachte, in dem Hemings Vater Pfarrer war. Die beiden zwölfjährigen Buben waren schnell gute Freunde geworden, und wenn sie sich auch in den folgenden Jahren nicht gerade häufig sahen, so war die Verbindung doch nie abgerissen, und sie freuten sich beide jedesmal, wenn sie sich wieder begegneten.

Es schien eine Selbstverständlichkeit zu sein, daß Heming in der Berghütte blieb. Ich wurde von aller Hausarbeit entbunden, und da jetzt öfter Regentage kamen, zog ich mich fast jeden Tag auf mehrere Stunden mit meiner Schreibmaschine in die blaue Kammer zurück. Ich hatte wegen meiner gar zu langen Sommerferien kein gutes Gewissen und räumte nun gründlich mit der Arbeit auf, die inzwischen liegengeblieben war.

Lisbeth gedieh wie ein Fisch im Wasser. Eine Kleinigkeit fiel mir auf. Zu den beiden Jungen sagte sie ganz natürlich Knut und Heming, aber zu Carl hatte sie „Sie" und Herr Lövold gesagt. Ich konnte das ganz gut verstehen. Carl war wirklich eine sehr eindrucksvolle Persönlichkeit. Weshalb sie aber eine so ausgesprochene Abneigung gegen ihn an den Tag legte, das verstand ich nicht.

An den Abenden waren wir alle um den Kamin versammelt und plauderten. Es gab wenig Dinge zwischen Himmel und Erde, die von uns nicht beredet wurden. Ich glaube, ich habe an diesen Hüttenabenden mehr gelernt als früher in meinem ganzen Leben.

„Was wird nun aus deinen Schulplänen, Steffi?" fragte Anne-Grete eines Abends. „Gibst du sie jetzt auf, wo du für eine Familie zu sorgen hast?"

„Ich habe sie natürlich längst aufgegeben", antwortete ich.

„Schulpläne?" fragte Heming neugierig.

Anne-Grete erzählte ich hätte die Absicht gehabt, mich auf das Abitur vorzubereiten und vielleicht gar zu studieren.

„Es ist keine Hexerei, das Abitur zu machen", erklärte Heming. „Du hast doch das Mittelschulexamen?"

„Ja", sagte ich. „Das ist aber auch alles. Mein Mangel an Kenntnissen ist einfach bodenlos. Ich kann nichts –"

„– außer acht Sprachen", sagte Anne-Grete.

„Aber natürlich machst du das Abitur", sagte Heming. „Den Sprachen brauchst du ja keinen Gedanken zu opfern. Im Englischen soll, wie ich gehört habe, ziemlich viel verlangt werden, aber da du die Sprache ja beherrschst, ist es für dich natürlich ein Kinderspiel. Was man im Norwegischen wissen muß, lernst du leicht selber. Geschichte auch. Es bleiben also noch Geographie, Biologie, Mathematik und Chemie – –"

„Brrrrr!" sagte ich.

„Es ist doch ganz klar, daß du das Abitur machst, wenn du nur in diesen vier Fächern Unterricht nimmst."

„Was denkst du dir? Ich kann doch nicht jeden Nachmittag von zu Hause fortbleiben. Ich habe doch Lisbeth!"

„Und was weiter? In meinem Kursus war ein Mann, der war bei einer Bank angestellt und hatte von neun bis vier Dienst. Zu Hause hatte er eine Frau und vier Kinder. Er hat sein Abitur mit ‚sehr gut' bestanden, und jetzt studiert er Rechtswissenschaft. Freilich hatte er eine Frau, die die Hausarbeit machte. Aber höre, Steffi! Du kannst dir Privatunterricht leisten. Und wenn es sich nur um vier Fächer handelt, kann das kaum teurer werden, als wenn du einen Kursus mitmachst. Mich hat mein Kursus vierhundertundfünfzig Kronen gekostet – –"

„Ich würde gern fünfhundert Kronen bezahlen, wenn mir einer so viel einpauken würde, wie ich zum Abitur brauche."

„Fünfhundert? Ist das dein Ernst?"

„Darauf kannst du dich verlassen."

„Steffi! Willst du mich zum Lehrer haben? Ich werde jeden Tag kommen und dir Unterricht geben. Und wenn du zum Sommer in den anderen Fächern das Abitur nicht bestehst, so garantiere ich dir auf jeden Fall, daß du in Geographie, Biologie, Mathematik und Chemie ‚sehr gut' bekommst."

„Hört! Hört!" rief Knut. „Das ist abgemacht. Greif zu, Steffi!"

„Geld auf den Tisch, Steffi!" rief Anne-Grete.

Ich mußte lächeln. Es traf sich, daß ich gerade Geld aus Oslo bekommen hatte. Ich nahm einen Hundertkronenschein aus meiner Tasche und legte ihn auf den Tisch.

„Bitte schön, Heming! Vorschuß! Am ersten September fangen wir an."

Heming strahlte über das ganze Gesicht.

„Steffi, du bist eine Perle! Woher konntest du wissen, daß ich im Augenblick gerade hundert Kronen benötige? Tausend Dank, du! Also abgemacht. Am ersten September trete ich an, und du sorgst inzwischen dafür, daß die Bücher zur Stelle sind."

Der Sommer war zu Ende.

Es wurde einem schwer, von den Bergen gerade in dem Augenblick Abschied zu nehmen, da die Natur sich anschickte, ihr farbenprächtigstes Kleid anzulegen. Aber jeder von uns fünfen hatte einen besonderen Grund, der ihm den Abschied etwas erleichterte.

Lisbeth sollte mit der Schule beginnen. Außerdem beschäftigten sich ihre Gedanken unablässig mit einem zweiten bedeutsamen Ereignis ihres Lebens: sie sollte fortan bei mir wohnen.

Heming mußte zwar in seine sehr kleine, sehr bescheidene und sehr kalte Bude zurück, aber er wußte, daß nur noch wenige Monate zwischen ihm und seinem Ziel lagen. Das gab ihm Kraft zum Durchhalten.

Anne-Grete und Knut waren übereingekommen, schon in allernächster Zeit zu heiraten. Ich endlich hatte wahrlich alle Ursache, dankbar zu sein. Hatte mein Leben doch einen neuen Inhalt, meine Arbeit einen neuen Sinn bekommen.

Erna erwartete uns. Das Abendessen stand auf dem Tisch, und alles war zu Lisbeths Empfang bereit. Ihr Bett war frisch bezogen, ihre Kleider waren gewaschen und instand gesetzt, und Erna hatte sogar daran gedacht, im Badezimmer und im Flur für sie niedrige Haken anzubringen.

Lisbeth schien sich vom ersten Augenblick an bei mir heimisch zu fühlen. Und am nächsten Tag war ihr erster Schulgang.

Ich merkte wohl, daß Lisbeth und ich sehr angestarrt wurden. Man hat mich zwar schon oft für älter gehalten, als ich bin, aber für die Mutter eines schulpflichtigen Kindes sah ich wohl doch zu jung aus.

Es waren viele Mütter versammelt. Alle hielten ein

Kind an der Hand und waren feierlich gestimmt. Da gab es blasse, überanstrengt aussehende Mütter mit roten Arbeitshänden, elegante junge Frauen mit rot geschminkten Lippen und Silberfuchsumhängen, korrekte Damen in tadellos sitzenden Kleidern und mit tadellosen Schuhen, andere mit hohen Absätzen, seidenen Strümpfen und verwegenen Hüten – es waren sehr verschiedenartige Mütter, aber jede hielt ein aufgeregtes Kind an der Hand.

Lisbeth entdeckte ein kleines Mädchen, das sie kannte. Die beiden wechselten leise ein paar Worte miteinander. Dann kam Lisbeth wieder zu mir, drückte sich an mich und flüsterte:

„Steffi! Weißt du, was Titten mich gefragt hat? Sie hat mich gefragt, ob du meine Mutter wärst. Du hast aber eine hübsche Mutti, hat sie gesagt."

„Und was hast du geantwortet?"

Lisbeth sah mich unsicher – beinahe etwas schuldbewußt an.

„Ich sagte bloß: ja. Macht das was?"

Ich drückte ihr die Hand.

„Nein, Lisbeth. Das macht nichts. Es war ganz richtig", sagte ich.

Die nun folgende Zeit war für mich voller Überraschungen.

Nicht etwa, daß bedeutsame Dinge geschehen wären. Aber meine ganze Tageseinteilung geriet in Verwirrung. Eines Abends war ich lange aufgeblieben und hatte angestrengt gearbeitet. Natürlich war ich am nächsten Morgen todmüde und wollte gern etwas länger im Bett liegen.

Aber um halb acht wurde das Licht angeknipst, eine morgenfrische, helle Kinderstimme sagte „Guten Morgen, Steffi“, und dann hörte ich Erna und Lisbeth im Badezimmer vergnügt miteinander schwatzen und lachen. Und als Lisbeth von der Dusche kam und anfing, sich anzuziehen, da war ich richtig wach geworden. Ich klingelte nach Erna.

„Seien Sie so freundlich und bringen Sie mir eine Tasse Kaffee ans Bett, Erna“, sagte ich. „Ich bin todmüde.“

Lisbeth hielt mit dem Anziehen inne und sah mich an.

„Willst du denn nicht mit mir frühstücken, Steffi?“

„Ich bin so müde, Lisbeth. Kannst du nicht mit Erna frühstücken?“

„Do–o–och“, sagte Lisbeth. Dann blickte sie mich wieder an. Sie sah unwahrscheinlich süß aus in ihrem kleinen Höschen und mit ihrem nassen, wirren Haar.

„Du, Steffi! Wir könnten etwas von meinen eingemachten Blaubeeren zum Frühstücken nehmen.“

Konnte ich da liegenbleiben?

Ich saß zur gewohnten Zeit am Frühstückstisch. Lisbeth konnte mich leichter denn je um ihren kleinen Finger wickeln.

Das Telefon läutete.

„Wir warten mit Schmerzen auf die Korrekturen, Fräulein Sagen. Wie steht es damit? Wir möchten morgen früh mit dem Druck beginnen.“

„Sie erhalten die Korrekturen bis zehn Uhr. Genügt das?“

„Ja, wenn es sicher ist.“

Ich versprach es. Ich arbeitete eifrig. Dann kam Lisbeth

von der Schule, und wir aßen zusammen. Erna steckte den Kopf durch die Tür und verabschiedete sich. Sie hatte heute ihren freien Tag.

„Auf Wiedersehen, Erna." Ich blickte nur eine Sekunde auf und steckte die Nase sofort wieder in die Korrekturbogen.

Lisbeth las. An Lesestoff fehlte es ihr nicht, denn ich hatte im Laufe der Zeit eine ganze Menge Kinderbücher übersetzt. Jetzt, da sie die schwere Kunst des Lesens beherrschte, war sie unersättlich.

„Willst du nicht hinuntergehen und etwas spielen, Lisbeth?"

„Ich habe niemanden zum Spielen."

„Aber du hast doch Frieda im vierten Stock! Ihr habt ja gestern so nett zusammen gespielt."

„Wir haben uns verzürnt. Du, Steffi, du hast doch versprochen, einmal mit mir nach Bygdö zu radeln."

„Ja, Mäuschen. Aber nicht heute. Du siehst ja, wie ich in der Arbeit stecke."

Als Lisbeth einen Augenblick ins „Badezimmer" ging, wie sie sich gebildet ausdrückte, rief ich bei Anne-Grete an.

„Hast du viel zu tun?"

„Ist nicht schlimm. Ich habe mit Knut eine Verabredung um sechs, aber – –"

„Würdest du mir einen großen Gefallen tun? Darf ich Lisbeth für eine Weile zu dir schicken? Ich habe keine Zeit, mich mit ihr zu beschäftigen. Ich habe einen Berg von Korrekturen – –"

„Schicke sie nur ruhig her. Bis kurz vor sechs habe ich Zeit."

Lisbeth trabte begeistert davon. Anne-Grete wohnte nur zehn Minuten entfernt, und Lisbeth kannte den Weg genau.

Die Zeit verging. Ehe ich mich dessen versah, war Lisbeth schon wieder da.

„Ich habe Hunger, Steffi!"

Hunger? Wenn ich eine eilige Arbeit vor mir hatte, dachte ich nicht ans Essen. An Ernas Ausgehtagen pflegte ich in der Küche ein paar Spiegeleier zu essen, oder ich ging schnell mal in das kleine Restaurant an der nächsten Ecke und schlang irgend etwas hinunter.

Daß ich, wenn Erna nicht da war, die Pflicht hatte, mein kleines Mädchen, das mit fordernder Stimme „Ich habe Hunger!" sagte, zufriedenzustellen – daran hatte ich nicht gedacht.

Essen kochen? Davon konnte nicht die Rede sein. Ich wusch Lisbeth das Gesicht und mir die Hände. Dann gingen wir in das kleine Restaurant. Lisbeth war munter und in bester Laune. Ihr kleiner Mund stand nicht eine Minute still. Ich war müde und erschöpft und sehr wenig dazu aufgelegt, ihre tausend Fragen zu beantworten.

Die Uhr zeigte sieben, als wir nach Hause kamen.

„Können wir nicht Ludo spielen, Steffi?"

„Ich habe *wirklich* keine Zeit, Lisbeth."

Lisbeth antwortete zunächst nichts darauf. Sie setzte sich auf einen Stuhl, und bald darauf hörte ich das Klappern eines Würfels auf der Tischplatte. Ich wandte mich um. Lisbeth spielte mit sich selber Ludo.

Plötzlich seufzte sie. Dann sagte sie mit einer kleinen dünnen Stimme:

„Vater hatte am Abend immer Zeit."

Ich schob die Korrekturbogen beiseite und setzte mich zu Lisbeth an den Tisch.

„Weißt du, Lisbeth, ich glaube, ich habe jetzt lange genug gearbeitet. Willst du die gelben Steine haben oder die blauen?"

Wir spielten Ludo, und Lisbeth gewann. Ich dachte mit Schrecken an meine Korrekturen. Ich hatte erst die Hälfte erledigt, und es waren betrüblich viele Fehler zu berichtigen.

Ich stand in der Küche und bestrich Kekse mit Butter. Lisbeth pflegte Milch und ein paar Kekse und etwas Obst zu bekommen, bevor sie sich schlafen legte.

Da klingelte es an der Wohnungstür.

Jetzt schreie ich bald, dachte ich. Ich schmeiße jeden raus, der mich stören will – ganz gleich, wer es ist! Es war Heming. Und ich warf ihn nicht hinaus.

Er schickte mich an meine Arbeit und übernahm das Bestreichen der Kekse. Er und Lisbeth aßen in der Küche. Ich hörte sie vergnügt plaudern und lachen.

Dann klapperte das Geschirr beim Abwaschen. Schließlich kam Heming herein, übernahm, ohne ein Wort zu sagen, die Hälfte der Korrekturbogen und fing an zu lesen.

Es planschte im Badezimmer, und es raschelte im Schlafzimmer. Dann ging die Tür auf, und eine kleine Puppe in blauem Flanell kam auf bloßen Füßen hereingetrappelt.

„Gute Nacht, Steffi!"

„Gute Nacht, mein Mäuschen. Du mußt mir nicht böse

sein, weil ich so langweilig bin. Ich *muß* meine Arbeit fertig machen, weißt du?"

„Hast du so etwas Dummes schon mal gehört, Lisbeth?" sagte Heming lachend. „Du solltest Steffi böse sein? Und dabei weißt du doch ganz genau, daß sie arbeitet, weil sie Geld verdienen muß, und das Geld braucht sie für Kekse und Milch und ein neues Kleid für die kleine Lisbeth! Hei hopp! Jetzt geht's ins Bett!"

Im Galopp ging es ins Schlafzimmer. Ich hörte, wie Lisbeth, von Heming hochgehoben und fallengelassen, ins Bett plumpste und wie sie hellauf lachte.

„Nun mußt du aber schlafen, Prinzessin!"

„Mach das Licht aus, Heming!"

„Wie das gnädige Fräulein befiehlt. Gute Nacht, Lisbeth!"

„Gute Nacht, Heming!"

Wir arbeiteten schweigend bis halb elf. Da war das Ganze fix und fertig.

„Herzlichen Dank, Heming! Und nun bist du vielleicht so freundlich, mir zu sagen, weshalb du eigentlich gekommen bist. Doch wohl nicht, um Lisbeth zu Bett zu bringen und Korrektur zu lesen?"

„Natürlich nicht. Ich wollte dir nur sagen, daß ich von Montag an nach dem Abendessen keine Zeit mehr habe. Wir müssen unsere Stunden früher legen."

„Das ist mir ebenso recht. Aber was ist los?"

„Ich habe Arbeit gefunden. Eine feine Arbeit, die feinste, die ich je gehabt habe. Nachtarbeit auf einer Zeitungsredaktion! Zweihundert Kronen im Monat! Noch nie in meinem Leben bin ich so reich gewesen. Dazu kommen noch die fünfzig im Monat von dir. Du siehst, ich bin schon beinahe Millionär!"

„Und die Arbeitszeit?"

„Von halb acht Uhr abends bis drei Uhr in der Frühe. Ist das nicht wundervoll? Da bleibt mir der ganze Tag zum Lernen und um mit dir zu arbeiten."

„Und wann gedenkst du zu schlafen? Entschuldige, daß ich frage!"

„Von drei bis sieben, sonntags bis acht. Außerdem bin ich Samstags abend frei, denn am Sonntag erscheint ja keine Zeitung. Es wird schon gehen. Es handelt sich ja nicht um eine Ewigkeit, sondern nur um ein paar Monate. Warte nur bis zum Herbst! Dann bin ich wohlbestallter Gymnasiallehrer, habe mehrere tausend Kronen Gehalt, eine Dreizimmerwohnung und eine Hausgehilfin. Du wirst es schon sehen!"

„Ich zweifle nicht daran", sagte ich. „Und ich gratuliere dir zur neuen Stellung. Bist du Redakteur?"

„Wo denkst du hin! Ich soll Korrektur lesen und allerlei untergeordnete Arbeiten übernehmen. Vielleicht darf ich hin und wieder einmal eine Überschrift aufsetzen – wenn man mir soviel zutraut."

„Du bist großartig, Heming! Ich bin stolz auf dich!"

Heming lachte.

„Du bist genauso ein Kind wie Lisbeth. Wie alt bis du eigentlich?"

„Beinahe ebenso alt wie du! Aber ich fühle mich viel älter. Ich könnte deine Tante sein."

„Warum nicht gleich meine Großmutter? Aber nun marsch ins Bett! Es ist schon halb zwölf. Paßt es dir, wenn ich morgen um vier komme?“

„Gut. Also um vier. Morgen haben wir Mathematik und Biologie. Um sechs sind wir fertig. Auf diese Art kommst du zu einem billigen warmen Abendessen. Denn es wird mir wohl nichts weiter übrigbleiben, als dich einzuladen.“

„Genau das, worauf ich gerechnet hatte. Daß du mich so schnell durchschaut hast! Ich bewundere dich! Gute Nacht, Steffi!“

Ich war furchtbar müde.

Ich hatte eine Arbeit übernommen, die ungewöhnlich langweilig war und mich dermaßen anstrengte, daß ich oft wünschte, ich hätte sie abgelehnt. Aber die Bezahlung war gut, und das war mir äußerst lieb. Denn zum ersten Male in meinem Leben hatte ich Geldsorgen. Es zeigte sich, daß der Sommer sehr teuer gewesen war, und an den Haushaltsausgaben merkte ich, daß wir jetzt unser drei und nicht mehr zu zweit waren. Und Nummer drei verbrauchte eine Menge Milch und Obst, wuchs aus ihren Schuhen heraus und brauchte unbedingt neues Unterzeug.

Ich mußte sehen, daß ich gut verdiente!

Ich kam zu spät ins Bett und wurde zu zeitig geweckt. Ich bekam Kopfschmerzen und war schlecht aufgelegt. Dann kam Heming, und ich mußte mein Gehirn auf Mathematik umstellen. Am Abend rechnete ich die Aufgaben, die er mir gab, und zwischendurch paukte ich mir selber ein, was beim Abitur in den Sprachen verlangt wurde. Freilich bereitete mir das keine besonderen Schwierigkeiten. Auch das Geschichtspensum machte mir wenig Mühe. Ich genoß es als eine Abwechslung und fand es sehr interessant.

Aber alles in allem mußte ich mir doch etwas zuviel Arbeit zumuten.

Und dabei sah ich mich nun einer völlig neuen Lage gegenüber: Ich mußte sparen. Ich konnte mir nicht alle Augenblicke einen neuen Hut kaufen oder mir eine Ananas als Sonntagsspeise leisten, wenn ich gerade Appetit darauf hatte. Doch das war nicht alles. Ich mußte mir fühlbarere Entbehrungen auferlegen. Ich gewöhnte mich daran, auf alles zu verzichten, was nicht unbedingt sein mußte.

Wenn Besuch kam, bot ich kein Glas Wein mehr an. Meine Strümpfe wurden gestopft und mußten erheblich länger halten als bisher. Die Schuhe wurden mehrere Male besohlt; ich überlegte es mir lange, bevor ich mir neue kaufte. Ich nahm kein Taxi, wenn ich müde war oder es eilig hatte; ich fuhr brav mit der Straßenbahn. Natürlich waren das keine großen Opfer, aber ich war nun einmal verwöhnt, hatte in meinem ganzen bisherigen Leben keine Sorgen gekannt.

Und immer waren in Lisbeths Strümpfen Löcher, wenn die Arbeit ganz besonders drängte, und immer verlor sie einen Knopf oder hatte einen Fleck auf ihrem Kleid, wenn tausend andere Dinge zu tun waren und ich nicht die geringste Neigung hatte, mich hinzusetzen und Knöpfe anzunähen oder Flecke zu entfernen. Dabei war es für mich eine Ehrensache, daß Lisbeth stets sauber und ordentlich zur Schule kam: Flecke, Risse oder fehlende Knöpfe durfte es ganz einfach nicht geben.

Heming kam, um mit mir zu arbeiten. Ich hatte ganz und gar keine Lust dazu.

„Du, ich bin heute nicht dazugekommen, die Aufgaben zu rechnen. Ich war so fürchterlich müde. Können wir nicht einen Tag überspringen? Ich werde morgen doppelt soviel leisten."

„Hast du schon die Entdeckung gemacht, daß man einen Tag überspringen kann?" sagte Heming. „Kommt gar nicht in Frage. Ich denke, wir fangen an. Übrigens hättest du die Rechenaufgaben machen sollen, wenn du auch noch so müde warst."

„Danke für die Belehrung! Aber ich habe dich nicht nach deiner Meinung gefragt!"

„Nein. Ich sagte sie dir ganz unaufgefordert. Ich bin selber manchmal müde gewesen. Aber ich habe trotzdem gerechnet."

„Du hast nicht für ein Kind zu sorgen brauchen."

„Nein, das habe ich nicht. Aber lassen wir das. Ich bin nicht hergekommen, um mich mit dir herumzustreiten, sondern um mit dir zu arbeiten. – Also? – Was weißt du von den Gleichungen zweiten Grades?"

„Ich lerne heute nicht, Heming."

Ich stand auf – das heißt: ich versuchte aufzustehen. Eine kräftige Hand legte sich auf meine Schulter, so daß es richtig weh tat, und drückte mich auf den Stuhl zurück.

„Ich fragte dich nach den Gleichungen zweiten Grades!

Wenn du anfängst, Launen zu bekommen, dann machst du niemals im Sommer das Abitur."

Ich war wütend.

Aber Heming lächelte gutmütig.

„Sieh mal, Steffi! Ich kann dich eigentlich gut verstehen, aber du mußt dich nun einmal zusammenreißen, wenn du auch noch so wenig zum Lernen aufgelegt bist. Hast du dir ein Ziel gesetzt, dann mußt du es auch erreichen. Andernfalls verlierst du die Selbstachtung. Die ersten Male fällt es dir am schwersten; bald aber wird es dir zur Gewohnheit, die Müdigkeit zu überwinden. Siehst du nicht ein, daß ich recht habe?"

Jetzt mußte auch ich lächeln.

„Also gut. Probieren wir es! Du fragst nach den Gleichungen zweiten Grades. Willst du mir das nicht noch einmal erklären?"

Und die Unterrichtsstunde nahm ihren Anfang.

Lisbeth saß an ihrem eigenen „Schularbeitentisch" und füllte eine Seite mit lauter K. Dabei hing ihr die Zunge weit aus dem einen Mundwinkel heraus. Sie war ungeheuer gewissenhaft. Sie störte nie, wenn Heming und ich zusammen arbeiteten. Das waren Schularbeiten, und Schularbeiten mußten ernst genommen werden. Sie schien es übrigens sehr lustig zu finden, daß ich genau wie sie auf der Schulbank sitzen und brav lernen mußte.

Die zwei Unterrichtsstunden waren eine richtige Quälerei. Ich war daher heilfroh, als Erna meldete, es wäre angerichtet.

Sie hatte eine erstaunliche Fähigkeit, sich lautlos im Zimmer zu bewegen. Wir hatten sozusagen gar nichts davon gemerkt, daß sie den Tisch gedeckt hatte.

Es gab heute gekochten Dorsch. Ich war fürchterlich hungrig, aber ich mußte erst den Fisch für Lisbeth ausgräten. Inzwischen wurde mein Essen fast kalt. Und bevor ich noch meine erste Portion hatte aufessen können, verlangte Lisbeth schon ihre zweite.

„Du mußt es bald lernen, deinen Fisch selber auszugräten, Lisbeth", sagte ich. Dann wandte ich mich mit einem wohl sehr schwachen Lächeln an Heming und sagte:

„Wenn man sich plötzlich eine Tochter anschafft, dann erlebt man so mancherlei, worauf man nicht gefaßt gewesen ist."

„Wie zum Beispiel das Ausgräten von Fischen."

„Ja – unter anderem."

„Das ist wohl so. Wenn man bedenkt: es gibt sicherlich einige tausend Hausfrauen hierzulande, die nicht für *ein* Kind, sondern für zwei, drei oder gar vier Kinder das Essen zurechtmachen müssen, bevor sie selber auch nur einen Bissen zu sich nehmen können. Außerdem aber müssen sie das Essen kochen und den Tisch decken, während des Essens aufstehen und in die Küche gehen, um die leeren Schüsseln wieder zu füllen, dem kleinsten Kinde den Mund abwischen, das zweitkleinste beruhigen, wenn es schreit, und vielleicht nach dem Essen mit dem ältesten die Schularbeiten machen – und bei alledem sollen sie sich ja schließlich auch ein wenig um ihren Mann kümmern – – o ja, die Frauen haben es manchmal nicht leicht."

Ich dachte über Hemings Worte nach und merkte gar

nicht, daß mein Fisch ganz kalt wurde.

„Du – eigentlich habe ich darüber noch nie nachgedacht. Ich habe es mir nie klargemacht, in wie hohem Maße man eine Hausfrau bewundern muß. So wie du es schilderst, ist das Dasein ja – man kann wohl sagen: für die meisten Frauen. So ist ihr Leben, und sie wissen, daß es immer so bleiben wird – ohne die geringste Aussicht auf eine Änderung."

„Dann geht's in die Sommerferien – und das bedeutet für sie, daß sie genauso viel Arbeit haben wie in der Stadt, nur daß sie unter doppelt schwierigen Verhältnissen arbeiten. Statt des elektrischen Herdes haben sie einen schlecht funktionierenden Spirituskocher, das Wasser muß eimerweise herbeigeschleppt werden, der Platz, der ihnen zur Verfügung steht, ist dreimal so klein wie zu Hause, und sie wissen nicht, wo sie alle Sachen unterbringen sollen. Aber der Mann verlangt dieselbe Ordnung und Behaglichkeit, wie er sie von daheim gewohnt ist, und die Kinder müssen auch hier gefüttert, gewaschen und gekämmt und mit frischen Windeln versehen werden, und dabei erwarten sie noch, daß die Mutter stets ein Lächeln für sie hat und lieb und verständnisvoll zu ihnen ist."

„Ich schäme mich, Heming."

„Dazu hast du gar keine Veranlassung. Aber ist es für dich nicht ein Trost, wenn du daran denkst, wie gut du es im Vergleich zu anderen hast?"

„Doch", sagte ich und versah Lisbeth mit Petersilienbutter.

Das Verhältnis zwischen Heming und mir war höchst eigenartig. Ich fühlte mich erwachsen und überlegen. Ich hatte viel gesehen, war viel in der Welt herumgekommen, verdiente gut, hatte ein gemütliches Heim und wußte mich zu benehmen – wie Carl sagte. Aber Heming fühlte sich mir genauso überlegen. Wegen seiner Kenntnisse, seiner geistigen Fähigkeiten, seiner Muskelstärke, seiner Gesundheit, seiner Jugend und Arbeitskraft. Zwei Menschen, die sich beide einander überlegen fühlen, müssen notwendigerweise von Zeit zu Zeit zusammenprallen.

Aber im Grunde waren wir schrecklich gute Freunde.

Carl kam nach Oslo.

Diesmal kam er in einem verhältnismäßig günstigen Augenblick. Ich hatte die langweilige Arbeit gerade abgeliefert und ein recht ansehnliches Honorar dafür erhalten. Ich ruhte mich nun ein paar Tage richtig aus.

Heming war rührend. Er nahm Lisbeth auf einen Sonntagsausflug mit und blieb den ganzen Tag fort. Ich genoß die Stille, schlief ein paar Stunden und erledigte diese und jene Kleinigkeiten, für die ich in den letzten Wochen keine Zeit gefunden hatte.

Ich war daher richtig erfreut und in glänzender Stimmung, als Carl anrief. Er befand sich, wie gewöhnlich, auf einer Geschäftsreise. Zwei Tage in Oslo, ein paar Wochen in Stockholm, dann zurück nach Oslo, wo er sich mehrere Tage aufhalten wollte – um meinetwillen, wie er sagte.

Er wollte gern zu mir zum Essen kommen.

Wie gewöhnlich brachte er mir Konfekt mit und überreichte Lisbeth ein großes Paket. Es enthielt eine prachtvolle Puppe.

„Vielen Dank“, sagte Lisbeth und machte einen höflichen Knicks.

„Du bist nun wohl bald schon zu groß, um mit Puppen zu spielen“, sagte er. „O nein“, sagte Lisbeth höflich.

„In welche Klasse gehst du denn?“ fragte Carl.

„In die dritte“, antwortete Lisbeth, ohne mit der Wimper zu zucken.

Ich starrte sie verwundert an. Was sollte das bedeuten?

„Bist du schon so groß?“ sagte Carl, und weiter sagte er nichts.

Ich betrachtete sie forschend. In jedem ihrer Augenwinkel saß ein kleiner Schelm. Ich hätte beinahe laut aufgelacht.

Als ich vor dem Essen mit ihr ins Badezimmer ging, um mich zu überzeugen, ob sie sich auch ordentlich die Hände wüsche und das Haar kämmte, fragte ich sie, was sie sich eigentlich dabei gedacht hätte, Herrn Lövold so anzuschwindeln.

„Ich wollte bloß hören, was er sagen würde“, antwortete Lisbeth. „Er hat mich nun schon dreimal gefragt, in welche Klasse ich gehe. Warum fragt er eigentlich danach? Er hört ja doch nicht zu, wenn ich ihm antworte.“

Ich wurde rot. Lisbeth hatte ja recht.

„Trotzdem. So etwas tut man nicht, Lisbeth. Wenn er nun gemerkt hätte, daß du ihn zum Narren hieltest?“

„Darauf pfeife ich“, sagte Lisbeth.

Jetzt machte ich ein strenges Gesicht.

„Diesen Ton verbitte ich mir, Lisbeth. Sei nicht obendrein noch frech!“

Lisbeth ging zu der Tür. Ihr Mund war trotzig verzogen.

„Wenn er das nächste Mal fragt, sage ich ‚in die Untersekunda‘!“ Sie schloß die Tür hinter sich – um eine ganze Kleinigkeit lauter, als notwendig gewesen wäre.

„Soll sie die ganze Zeit bei uns bleiben?“ fragte Carl auf englisch.

„Nein“, sagte ich. „Nach dem Essen geht sie zu einer kleinen Freundin.“

Da wurde Carl freundlich und versuchte, mit Lisbeth ein Gespräch anzuknüpfen. Er hatte damit wenig Glück. Seine Scherze hätten auf ein dreijähriges Kind vielleicht Eindruck gemacht. Aber Lisbeth war siebeneinhalb, und sie war es gewohnt, daß man mit ihr wie mit einem Erwachsenen sprach.

„Solches rohes Fleisch kannst du doch wohl nicht essen“, sagte er. „Bist du nicht zu klein dazu?“ Wir hatten Roastbeef – Ernas Paradestück.

„Nein“, sagte Lisbeth.

„Weißt du denn nicht, daß du im Magen Würmer bekommst, wenn du es ißt?“

„Dann habe ich sicher eine ganze Masse Würmer“, sagte Lisbeth. „Ich habe schon oft rohes Fleisch gegessen.“

„Merkst du nicht, wie es in deinem Magen kribbelt?“ Lisbeth murmelte etwas vor sich hin.

„Was sagst du? Du mußt deutlich reden, wenn man dich verstehen soll.“

„Ich sagte bloß: ‚So ’n Blech!‘“ sagte Lisbeth und blickte

Carl starr ins Gesicht.

„Lisbeth!" sagte ich streng.

Es war, als hätte mein strenger Ton den letzten Rest von Höflichkeit bei ihr zum Verschwinden gebracht. Sie machte ein trotziges, böses Gesicht, als sie sich zu mir herumwandte.

„Ja – wenn er doch nichts als Blech redet!"

Ich fühlte, daß ich flammend rot wurde. Ich schämte mich. Da hatte ich nun vor Carl mit meiner bezaubernden kleinen Pflegetochter geprahlt. Und sie zeigte sich ihm von einer ganz neuen und höchst ungünstigen Seite.

„Lisbeth!" sagte ich, und ich merkte, daß meine Stimme vor Erregung zitterte. „Geh sofort vom Tisch!"

„Warum denn?" sagte Lisbeth. Ich stand auf.

„Entschuldige mich einen Augenblick, Carl."

Ich griff Lisbeth am Arm und ging mit ihr in das Schlafzimmer. Ich war zornig, unschlüssig, hilflos, enttäuscht – und hatte eigentlich gar keine Ahnung, was ich mit ihr anstellen sollte. Schließlich gab ich ihr ein paar Klapse hintendrauf – ich schlug ziemlich kräftig zu, und es muß ihr wehgetan haben, denn die Tränen traten ihr in die Augen. Aber sie gab keinen Laut von sich. „Jetzt geh ins Bett und schäme dich. Wenn Frieda kommt, dann sage ich ihr, daß du nicht mit ihr spielen darfst, weil du unartig gewesen bist."

„Steffi! Sag das nicht zu Frieda!" Lisbeths Stimme klang erschrocken.

„Natürlich sage ich es. Nun geh ins Bett und denke ein wenig darüber nach, wie ungezogen du gewesen bist!"

Ich schloß die Schlafzimmertür hinter mir ab. Mir

graute davor, Carls Augen zu begegnen. Aber zu meiner Verwunderung lächelte er.

„Jaja, kleine Steffi – es ist nicht ganz einfach, kleine Kinder aufzuziehen. Wie lange soll sie übrigens bei dir bleiben?"

„Für immer", sagte ich.

„Für immer?" rief Carl. „Aber liebes Kind! Was hast du dir da aufgeladen! Hat das Kind denn keine Angehörigen?"

„Doch – die Mutter ihrer Mutter – aber – – –"

„Dann ist die Sache doch ganz einfach. Die Großmutter ist zweifellos die nächste dazu, sich des Kindes anzunehmen! Siehst du denn nicht ein, daß es Wahnsinn ist, was du tust? Du bist dreiundzwanzig Jahre alt – also beinahe selber noch ein Kind –, und da übernimmst du eine solche – eine solche ganz und gar unnötige Verpflichtung – –"

„Höre mich an, Carl! Ich habe ihrem Vater versprochen – daß –"

„Hast du ihrem Vater versprochen, daß sie ständig bei dir wohnen soll?"

„Ich – ich habe ihm versprochen, daß es Lisbeth an nichts fehlen soll, solange ich gesund bin und arbeiten kann."

„Das ist etwas ganz anderes! Laß das Kind zu seiner Großmutter gehen, wo es hingehört, und willst du etwas zum Unterhalt beitragen – dann um so besser! – Meine liebe Steffi! Wenn alles nach Wunsch geht, soll Lisbeth reichlich genug zum Leben haben – auf ein paar Kronen soll es gewiß nicht ankommen –"

Hätte mir jemand alles das einige Stunden früher gesagt, so wäre ich wahrscheinlich zornig hochgefahren und hätte den Betreffenden ersucht, gefälligst seinen Mund zu halten. Jetzt aber war ich durch die kleine Szene, die sich vor kurzem abgespielt hatte, völlig aus dem Gleichgewicht geraten. Ich war enttäuscht über den harten Trotz bei meinem kleinen Mädchen, und ich schämte mich, weil Carl es gesehen hatte. Daher war ich außerstande, entschlossen und überlegen aufzutreten, und beschränkte mich gänzlich auf die Verteidigung – noch dazu auf eine recht matte Verteidigung.

„Steffi", sagte Carl, als wir Kaffee tranken. „Du weißt, wie lieb ich dich habe. Jetzt darf ich es offen bekennen, denn jetzt bin ich frei. Und nun frage ich dich: Wie steht es mit dir? Hast du mich auch ein wenig gern? Hast du mich so gern, daß du bereit bist, deine gegenwärtige Tätigkeit ganz aufzugeben, um ständig bei mir zu sein? Willst du in meinem Heim die Hausfrau werden? Meine Begleiterin auf meinen Reisen? Die Wirtin, wenn ich Gäste habe? Steffi! Willst du mich heiraten? Und bist du gewillt, es bald zu tun?"

Mir schwindelte. Ich hatte ja gewußt, daß es einmal kommen würde. Aber jetzt, wo ich so geradezu gefragt wurde und darauf antworten mußte – da wußte ich nicht, was ich sagen sollte.

Eine ganz leise Stimme in meinem Innern flüsterte wohl: „Welcher Gedanke! Wieder reisen zu können! Paris wiederzusehen! Steffi! Hast du es nicht satt, mehr oder weniger langweilige Übersetzungsaufträge auszuführen? Willst du nicht lieber in einem großen Haus wohnen, unter Menschen leben, die dir den Hof machen und dich feiern? Bist du nicht froh, wenn diese Examensquälerei ein Ende hat? Wenn du dich nicht länger mit Gleichungen zweiten Grades herumplagen mußt, obwohl du es vor Kopfschmerzen kaum noch aushalten kannst? Willst du nicht lieber an der Seite eines gut aussehenden Mannes durch Europa reisen – an der Seite eines Mannes, der dich liebt? Dumme Steffi! Weshalb sagst du nicht auf der Stelle ja?“

Aber es meldete sich in mir noch eine andere Stimme. Und diese Stimme sprach nur ein einziges Wort:

„Lisbeth!“

Nun: Lisbeth konnte ja zu ihrer Großmutter fahren. Ich würde sie selber hinbringen. Sie würde schöne Kleider, die für mehrere Jahre reichten, mitbekommen – einen ganzen Koffer voll. Und jeden Monat würde ich Geld für sie schicken.

Würde ich sie aber nicht vermissen?

Ich hatte ja Carl. Natürlich hatte ich Lisbeth lieb. Aber war es zu verantworten, daß ich um eines kleinen Mädchens willen mein eigenes Lebensglück opferte? Noch dazu um eines verzogenen kleinen Trotzkopfes willen? Aber was würde Lisbeth dazu sagen?

Du lieber Gott! Lisbeth hatte es nach dem Tode ihres Vaters wieder gelernt, zu lachen und vergnügt zu sein. Sie war ja schließlich erst sieben Jahre alt. Ein siebenjähriges Kind ist elastisch. Und sollte nun einmal eine Veränderung in ihrem Leben eintreten, dann war es am besten, ich wartete nicht erst so lange, bis sie hier bei mir zu fest eingewachsen war.

Diese Gedanken wirbelten mir durch den Kopf. Noch nie in meinem Leben hatte ich einer so folgenschweren Entscheidung gegenübergestanden. Ich fühlte mich verzweifelt hilflos.

Wäre Lisbeth heute nett gewesen – hätte sie in diesem Augenblick – wie schon so oft – ihre Arme um meinen Hals geschlungen und gesagt: „Ich habe dich so lieb, Steffi!" – dann hätte ich wohl sicher auf Carl und die Reisen, das elegante Auto, das vornehme Haus und alles andere auf der Stelle verzichtet. Aber nicht Lisbeth legte mir den Arm um den Hals, sondern Carl. Und Carl war es, der mir mit seiner warmen, weichen Stimme ins Ohr flüsterte: „Steffi! Ich habe dich so lieb!"

Ich sprang auf und ging ein paarmal auf und ab. An der Schlafzimmertür blieb ich stehen. Wie merkwürdig still es da drinnen war!

Ich machte die Tür auf und blickte hinein. Das Zimmer war leer.

So ein Kind! Nun hatte Lisbeth sich durch das Badezimmer und den Flur leise davongestohlen und war doch zu Frieda gegangen!

Ich war auf dem Sprunge, ihr nachzueilen und sie zurückzuholen. Aber dann war die böse kleine Stimme in meinem Innern wieder da: „Laß sie doch laufen! Dann hast du wenigstens für eine Weile Ruhe!"

Ich kehrte zu Carl zurück.

Wir saßen beide auf dem Sofa. Nach langem Verhandeln hatten wir, wie Carl es ausdrückte, einen Vergleich geschlossen. Er sähe ja ein, daß manche Schwierigkeiten zu überwinden wären, sagte er. Ich solle also die Tage seiner Abwesenheit benutzen, um schriftlich und mündlich alles zu ordnen, und wenn er dann von Stockholm zurückkäme, sollte ich sagen – nicht *ob* ich ihn heiraten wolle, denn diese Frage hätte ich schon mit einem Ja beantwortet – sondern *wann*.

„Morgen nimmst du dir einen freien Tag“, sagte Carl. „Wir fahren irgendwohin, wo es schön ist, und um acht bringst du mich an den Zug. Geht das nicht?“

„Doch!“ sagte ich.

Ich hörte, wie die Wohnungstür ganz leise geöffnet und wieder geschlossen wurde. Lisbeth hatte einen eigenen Schlüssel. Sie mußte einen haben, weil es gelegentlich einmal vorkam, daß ich nicht zu Hause war.

Ich ging auf den Flur.

„Wo bist du gewesen, Lisbeth?“

„Bei Frieda.“

„Ich hatte dir doch gesagt, du dürftest nicht zu ihr gehen.“

„Ja, Steffi – aber dann – – dann hätte Frieda es doch erfahren, daß ich – daß du – daß – daß –“ Lisbeth schluckte ein paarmal und blinzelte mit den Augen. Es fiel mir ungeheuer schwer, kalt und streng zu bleiben.

„Gut. Darüber sprechen wir morgen. Die Milch und die Kekse stehen auf deinem Nachttisch. Geh nun schlafen.“

„Gute Nacht“, sagte Lisbeth mit leiser Stimme.

„Gute Nacht“, sagte ich.

Carl machte Reisepläne. Wie wäre es mit Cannes zu Weihnachten? Oder vielleicht Davos? Er wolle das gänzlich mir überlassen. Auf jeden Fall würden wir eine Hochzeitsreise machen, die sich sehen lassen könnte. Ob ich Lust hätte, Lissabon und andere alte, vertraute Stätten wiederzusehen?

Mir schwindelte. *Ob* ich Lust hatte! Mein altes Reisefieber kam wieder über mich. Ich sollte neue Orte sehen, neue Menschen kennenlernen, ich sollte abends in großer Toilette ausgehen, mich in der Oper, auf Gesellschaften zeigen, wieder einmal fremde Sprachen sprechen – – und ich wußte, daß ich mich an Carls Seite wohl sehen lassen konnte, daß er sich meiner nicht zu schämen brauchte.

Und das ganze Dasein, das er mit wenigen Worten vor mir erstehen ließ, stand in einem schreienden Gegensatz zu dem Dasein, das ich in diesem Augenblick führte:

Anstrengende Arbeit, große Verantwortung, Vorbereitung aufs Examen, Haushaltsorgen – und ein von Leben übersprudelndes kleines Wesen, das mich ganz und gar für sich in Anspruch nahm.

Es war schwer.

Carl blieb lange sitzen. Als er endlich fort war und ich ins Schlafzimmer ging, um mich hinzulegen, warf ich einen Blick auf Lisbeth.

Es sah so aus, als zögen sich über ihre Wangen ein paar Streifen.

Aber vielleicht waren es nur die Schatten von den Gitterstäbchen ihres Kinderbettes.

Lisbeth kam aus dem Badezimmer.

„Du mußt reine Strümpfe anziehen, Lisbeth."

Sie holte Strümpfe aus der Kommodenschublade. Sie war gewandt und selbständig und konnte sich ohne Hilfe anziehen.

„Was war eigentlich gestern mit dir los, Lisbeth? Weshalb warst du so ungezogen?"

Keine Antwort.

„Antworte, wenn ich dich frage. Weshalb warst du so unhöflich gegen Herrn Lövold?"

„Er ist so dumm."

„Pfui! Daß du so etwas sagen kannst! Er bringt dir ein hübsches Geschenk mit, ist nett und freundlich zu dir –"

„Es ist dumm", wiederholte Lisbeth. Dann kniff sie die Lippen zusammen – ein richtiger kleiner Trotzkopf.

Ich wußte nicht, was ich sagen sollte.

„Er ist doch immer so nett zu dir gewesen, Lisbeth – –" machte ich einen neuen Versuch.

„Das tut er nur, weil du denken sollst, er ist nett", sagte Lisbeth. Damit sah sie offenbar den Gesprächsgegenstand als erschöpft an. Sie war fertig angezogen, nahm ihren Kamm, ging in die Küche und bat Erna, ihr bei dem Ordnen des Haares zu helfen.

Ich hörte, wie sie in der Küche ihr Frühstück bekam. Sie bat mich nicht, mit ihr zusammen zu frühstücken. Sie ging zur Schule, ohne sich von mir zu verabschieden.

Ich dachte über ihre letzte Bemerkung nach. Es war etwas daran, was mich stutzig machte, und ich hielt es nicht für geraten, das Gespräch fortzusetzen.

Ich frühstückte im Bett, als Lisbeth fortgegangen war, und sagte zu Erna, ich würde den ganzen Tag abwesend sein. Sie möchte Herrn Skar sagen, ich könne heute keine Stunde nehmen.

Ich streckte mich und gähnte und dachte über das Gespräch nach, das ich gestern mit Carl geführt hatte. Ich war schrecklich unsicher. Was sollte ich tun?

Da läutete es, und Erna brachte mir einen Brief. Ich las ihn viele Male:

Liebes Fräulein Sagen!

Sie werden verstehen, um was es sich handelt, wenn Sie sehen, wer an Sie schreibt. Der Gedanke an die kleine Lisbeth läßt mir keine Ruhe. Als Sie mich im Sommer von dem Tode meines Schwiegersohnes unterrichteten, schrieb ich, wie Sie sich erinnern werden, ich wäre Ihnen dankbar, wenn Sie sich Lisbeths annehmen würden. Damals war ich gesundheitlich gar nicht auf dem Posten. Mein Ischias macht mir von Zeit zu Zeit böse zu schaffen.

Jetzt geht es mir indessen besser. Ich habe mit meiner Tochter oft über Lisbeth gesprochen, und wir sind uns einig geworden, daß wir sie gern zu uns nehmen wollen. Wir sind ja auch ihre nächsten Verwandten. Der Gedanke, daß Sie von uns eine sehr schlechte Meinung haben müssen, ist mir sehr schmerzlich. Sie müssen ja glauben, daß wir uns unseren Verpflichtungen entziehen wollen; das ist aber nicht unsere Absicht. Natürlich habe ich das Kind meiner lieben Elisabeth sehr lieb, und ich will gerne alles für sie tun, was ich kann.

Nun leben meine Tochter und ich, wie Sie wissen werden, in etwas engen Verhältnissen. Ich will nicht leugnen, daß es uns nicht leichtfällt, ein weiteres Familienmitglied in unseren Familienhaushalt aufzunehmen. Aber da Lisbeth ja etwas Geld besitzt, wird es schon gehen.

Was bei meinen Überlegungen jedoch die größte Rolle spielt, ist der Umstand, daß Sie, die Sie jung, den Tag über von Ihrer Arbeit voll in Anspruch genommen und doch nur sehr entfernt mit Lisbeth verwandt sind, nicht eine Verantwortung auf sich nehmen sollen, zu der Sie doch nichts verpflichtet. Meine Tochter will im nächsten Monat nach Oslo reisen. Sie könnte bei dieser Gelegenheit Lisbeth mitnehmen. – Ich hoffe, bald von Ihnen zu hören, wie Sie darüber denken. Ich muß ja einige Vorkehrungen treffen, wenn wir vom nächsten Monat ab ein kleines Kind im Hause haben sollen.

Mit den freundlichsten Grüßen an Sie und einem Kuß für die kleine Lisbeth

Ihre ergebene
Maria Elisabeth Bredal

Nun sah alles sehr viel einfacher aus. Wohl selten geschieht es, daß ein Brief in einem so günstigen Augenblick eintrifft. Während ich mir noch den Kopf darüber zerbrach, was ich tun sollte, brachte mir der Postbote die Lösung fix und fertig ins Haus.

Weshalb war ich eigentlich gar nicht richtig froh und erleichtert? Weshalb schrieb ich nicht auf der Stelle an Frau

Bredal, beruhigte sie über die wirtschaftliche Seite der Angelegenheit und erklärte mich bereit, zu Lisbeths Unterhalt beizutragen? Weshalb frohlockte ich nicht bei dem Gedanken, daß mich nun nichts mehr hinderte, Carl zu heiraten?

Als ich aber neben Carl im Wagen saß und wir auf der Landstraße nach Sollihögda dahinsausten, da fing ich doch an, mich zu freuen, daß sich alles so schön gefügt hatte – und noch dazu auf die so angenehme Weise, daß der Vorschlag von Frau Bredal kam.

Ich erzählte Carl von dem Brief. Er war begeistert.

„Aber dann, Steffi – dann brauchen wir doch gar nicht mehr zu warten! – Also: in einem Monat! – Ist es dir recht? – Sobald Lisbeth fort ist?"

„Ich muß erst die Sache mit der Wohnung ordnen", sagte ich, „und über die Möbel verfügen – und ich muß die Übersetzung für Rambech, an der ich gerade arbeite, erst fertigmachen."

„Wann können wir also heiraten, kleine Steffi?"

Ich überlegte.

„An meinem Geburtstag", sagte ich. „Am zehnten November."

Wie merkwürdig! Schluß mit dem Einpauken zum Abitur! Für die Aufgaben, denen ich mich nun künftig gegenübergestellt sehen würde, bedurfte es keines Examens. Die Kenntnisse, die ich bereits besaß, genügten vollauf. – Schluß mit dem Strümpfestopfen, dem Abhören der Schularbeiten und dem Ludo-Spielen am Abend! Schluß mit dem Übersetzen von Büchern und Reklamebroschüren! Jetzt gab es für mich keine wirtschaftlichen Schwierigkeiten mehr. Ich brauchte künftig weiter nichts zu tun, als einen großen Haushalt zu leiten, mich ausführen zu lassen und zu „repräsentieren". Und ich bekam einen gut aussehenden, netten, reichen Mann – einen Mann, der mich auf den Händen tragen, der auf mich stolz sein würde.

War ich nicht ein Glückspilz?

„Nun sind wir wieder einmal auf dem Bahnhof", sagte Carl. „Aber diesmal fällt es mir nicht so schwer, dich zu verlassen, Steffi. In ein paar Wochen sehen wir uns wieder!"

Carl hielt meine Hand fest, bis der Zug sich in Bewegung setzte. Ich ging zu Fuß nach Hause. Ich brauchte frische Luft, und ich mußte meine Gedanken ordnen.

Wann sollte ich es Lisbeth sagen? Und wie?

Lisbeth und ich hatten uns in Unfreundschaft getrennt. Zuerst mußten wir wieder Freunde werden – richtige, gute Freunde – und dann mußte ich ihr sagen, daß – daß – ja, was? – Daß ihre Großmutter sich so nach ihr sehne – und daß ich Carl heiraten wolle – da würde sie sicher bei mir nicht bleiben wollen – und bei der Großmutter würde sie es so gut haben – –

Daß ich das fertigbrachte! Daß ich es fertigbrachte, so erbärmlichen Gedanken Raum zu geben, daß ich im Ernst die Absicht hegen konnte, die ehrlichste, treueste kleine Kameradin von der Welt zu verraten!

Ich schäme mich – ich erröte, wenn ich daran denke. Und mir scheint, daß ich diese Niedertracht nie wieder gutmachen kann.

„Lisbeth hat sich hingelegt", sagte Erna, als ich nach Hause kam.

„Jetzt schon? Es ist ja erst halb neun. Sie durfte heute doch bis neun aufbleiben.“

„Sie sagte, ihr wäre übel.“

„Sie wird heute mittag zuviel Schokoladenpudding gegessen haben. Ist Frieda hiergewesen?“

„Nein. Man hat sagen lassen, sie dürfe nicht ausgehen, weil ihr kleiner Bruder Scharlach hat.“

Es lief mir eiskalt über den Rücken. Scharlach! Ich hatte selber als kleines Kind Scharlach gehabt, und ich konnte mich noch erinnern, daß Übelkeit und Erbrechen die ersten Anzeichen gewesen waren. Ich hatte wochenlang gelegen. Wir hatten damals in Helsinki gewohnt. Eine reizende finnische Krankenschwester hatte mich gepflegt und mir zu essen gegeben, und als es mir wieder besser ging, hatte sie mir Märchen vorgelesen.

Ich entledigte mich schnell meines Mantels und Huts und eilte zu Lisbeth.

Sie stöhnte leise. Ihre Wangen und ihre Stirn waren stark gerötet.

„Kleine Lisbeth – bist du krank?“

Lisbeth versuchte zu antworten, brachte aber keinen Ton hervor. Sie erbrach sich so heftig, daß das ganze Bett beschmutzt wurde.

Beinahe wäre ich ihrem Beispiel gefolgt; aber zum Glück konnte ich den Drang gerade noch unterdrücken. Ich wollte Erna rufen, unterließ es aber. Wenn es nun wirklich Scharlach war – und wenn Erna ihn noch nicht gehabt hätte – –!

Ich bezog das Bett frisch und wusch Lisbeth. Dann maß ich die Temperatur. 39,8!

Zwanzig Minuten später war der Arzt da!

Er blickte ihr in den Hals, zählte ihre Pulsschläge, untersuchte ihren kleinen Körper, um sich zu überzeugen, ob sich schon Ausschlag zeige.

„Es ist höchstwahrscheinlich Scharlach“, meinte er. „Ich werde morgen vormittag wiederkommen. Wir müssen sie ins Krankenhaus bringen, wenn – – –“

„Nein, Herr Doktor! Nein! Nehmen Sie sie mir nicht fort! Ist es gesetzlicher Zwang? Muß ein an Scharlach erkranktes Kind ins Krankenhaus?“

„Nein – –“ sagte der Doktor. „Haben Sie selber Scharlach gehabt?“

„Ja.“

„Dann können Sie sie pflegen – vorausgesetzt natürlich – –“

„Ich werde sie so gewissenhaft pflegen, wie es überhaupt nur möglich ist, Herr Doktor.“

„Gut. Wir werden sehen. Haben wir Glück, so ist es gar kein Scharlach. Also, wie gesagt: ich komme morgen wieder.“

Die Temperatur stieg. Das Erbrechen wiederholte sich. Lisbeth jammerte die ganze Nacht. Ich kam nicht aus meinen Kleidern.

Ich hatte Erna fortgeschickt. Sie hatte eine Schwester, bei der sie sein konnte. Erna hatte noch nie Scharlach gehabt.

In den frühen Morgenstunden klagte Lisbeth, sie schwitze fürchterlich. Ich schlug die Decke zurück, zog ihr den verschwitzten Schlafanzug aus, rieb sie trocken und zog ihr einen frischen Schlafanzug an.

Im Schein der Nachtlampe sah ich die kleinen roten Punkte dicht an dicht auf den Schenkeln und dem Unterleib.

Kleine Lisbeth! Mein liebes, kleines Mädchen!

Ich maß aufs neue die Temperatur. Lisbeth lag im Halbschlaf und merkte es nicht. Über vierzig!

Auf einmal fühlte ich mich so allein – so grenzenlos allein, so verzweifelt, so hilflos. Wenn doch nur Carl in der Stadt gewesen wäre!

Carl? Was würde Carl wohl gesagt haben? „Schicke sie sofort ins Krankenhaus! Du darfst dich nicht übernehmen! Du mußt an dich selber denken! Schicke sie sofort weg! Ich bezahle."

Ganz plötzlich wurde mir klar, was ich bisher nicht gesehen hatte, nicht hatte sehen wollen: Carl war ein grenzenloser Egoist. Hätte er mich wirklich liebgehabt, dann wäre Lisbeth kein Hindernis gewesen. Dann hätte er gesagt: „Lisbeth! Willst du mit Steffi zu mir kommen und bei mir wohnen? Glaubst du nicht, du könntest auch mein kleines Mädchen werden?"

Aber etwas dergleichen war ihm auch nicht einen Augenblick in den Sinn gekommen.

Nie hatte ich das so klar erkannt wie in dieser qualvollen, einsamen Nacht.

Hatte er mich überhaupt lieb? Nein! Wenn er sich um mich bemühte, so veranlaßte ihn dazu nur seine Eitelkeit. Er wollte eine gut aussehende Frau haben. Hatte Frau Rawen nicht erzählt, seine erste Frau habe es nicht verstanden, aus sich „etwas zu machen"?

Carl wollte eine Frau haben, die französisch und englisch sprechen konnte, die repräsentieren konnte und „eine gute Figur machte", wenn sie sich einen Hermelinumhang über die Schultern hängte.

Ja! Das war es, was er brauchte! Und er verstand es, jemand, den er nicht gebrauchen konnte, loszuwerden: seine erste Frau, seine kleine Tochter – und jetzt Lisbeth!

Nein! Nein! Tausendmal nein! Niemals sollte es Carl gelingen, Lisbeth von mir zu trennen! Was war seine vornehme Villa, sein elegantes Auto, sein Haus in den Bergen, seine Besitzung am Meer – was waren seine Reisen durch Europa, die schönen Kleider und Hüte, die ich mir in Paris kaufen sollte – welchen Wert hatte das alles im Vergleich zu einem warmherzigen, lebendigen kleinen Mädchen, das zwei weiche Arme um meinen Hals legen und mit einer hellen, freudigen Stimme sagen konnte:

„Ich habe dich so lieb, Steffi!"

Kleine Lisbeth – kleine treue Kameradin, die mich nie verraten würde – mein ehrliches, trotziges kleines Mädchen – daß ich auch nur eine Sekunde daran denken konnte, dich fortzuschicken!

Ach! Ich war so allein – so voller Angst – so klein und hilflos! Wo war mein Selbstvertrauen geblieben?

Plötzlich kam mir ein Gedanke. Ich rief bei der Zeitung an, für die Heming arbeitete.

Es dauerte eine kleine Weile – dann wurde der Hörer abgenommen, und eine etwas atemlose Stimme meldete sich. Es war Heming.

„Hallo, Heming! Hier ist Steffi."

„Du bist es? – Ich hatte gerade hinter mir abgeschlossen und war im Begriff zu gehen, als das Telefon läutete. Ist etwas passiert, Steffi?"

„Ich bin so verzweifelt, Heming. – Ich *mußte* einfach mit jemandem sprechen – Lisbeth – –"

„Was ist mit Lisbeth?“ Die Stimme war schnell und hart und bange.

„Sie hat Scharlach und über vierzig Temperatur und – –“

„Schließe die Haustür auf. In zehn Minuten bin ich bei dir.“

Heming ging sofort in das Schlafzimmer. Ich hielt ihn zurück.

„Hast du Scharlach gehabt?“

„Ja. Du auch?“

„Ja.“

„Das ist gut.“

Er beugte sich über Lisbeth. Sie schlug die Augen auf. Sie war jetzt bei klarem Bewußtsein.

„Kleine Lisbeth! Du willst uns doch nicht etwa krank werden?“ Wie zärtlich seine Stimme klang!

„Bleibe bei mir, Heming!“

„Natürlich bleibe ich bei dir. Steffi auch.“

„Steffi nicht“, murmelte Lisbeth. „Steffi ist mir böse.“ Jetzt konnte ich mich nicht länger beherrschen. Die Tränen flossen mir über die Wangen.

„Aber nein, meine kleine Maus – ich bin dir nicht böse. Ich bin nicht nett zu dir gewesen, Lisbeth, und das tut mir so leid. Wir müssen wieder Freunde werden, Lisbeth. Willst du?“

Lisbeth richtete ihre Augen auf mich. Es war, als strenge sie sich an, meine Worte zu verstehen. Dann schloß sie die Augen und sagte nichts mehr. Wir hörten sie nur noch hin und wieder leise wimmern.

Heming ging in die Küche und kochte Kaffee. Dann legte er mir sanft den Arm um die Schultern und bewog mich, von dem Stuhl an Lisbeths Bett aufzustehen und mit ihm ins Wohnzimmer zu gehen.

„Trinke eine Tasse Kaffee, Steffi!"

Ich gehorchte. Mitten in meinem Kummer, meiner Angst und Beschämung empfand ich es wohltuend, daß jemand bei mir war, der bestimmte, was zu geschehen hatte.

„Was meinte Lisbeth, als sie sagte, du wärest ihr böse?" fragte Heming.

Ich erzählte ihm alles und schonte mich selber nicht. Ich erzählte von Carl, von Lisbeths Abneigung gegen ihn und ihrem unhöflichen Benehmen. Ich gestand auch offen ein, daß ich daran gedacht hatte, an Lisbeth schmählichen Verrat zu üben, und daß ich mich unsagbar schämte.

„Wie konnte ich nur so gemein, so niederträchtig – ein solcher Unmensch sein?" schluchzte ich.

Heming wartete geduldig, bis ich mich ausgeweint hatte. Als meine Tränen langsamer zu fließen begannen, hob er leise und ruhig zu sprechen an. Wie erwachsen er auf einmal geworden war – der fröhliche Junge mit der Haarsträhne in der Stirn!

„Du bist töricht gewesen, das ist das Ganze. Du hast Lisbeth gegenüber einen Fehler gemacht. Du hast geglaubt, man könne eine tiefe Abneigung mit Vernunftgründen bekämpfen. Das ist völlig aussichtslos. Hast du nicht selber Menschen kennengelernt, die du nicht ausstehen konntest?"

„Doch", gab ich zu.

„Da hättest du am liebsten genauso gehandelt wie Lisbeth."

„Ja – – –"

„Aber du tust es nicht, weil du wohlerzogen bist. Lisbeth aber ist erst sieben Jahre alt. Sie hat noch nicht die Hemmungen eines Erwachsenen. Sie hat es bisher noch nicht gelernt, Theater zu spielen. Du hättest bei ihr mehr erreicht, wenn du gesagt hättest: Hör mal, Lisbeth! Du magst den Mann nicht. Dafür kannst du nichts. Aber wenn du unhöflich zu ihm bist – dafür kannst du etwas. Wir müssen es alle lernen, höflich zu sein – auch zu Menschen, die wir nicht leiden können. – Das ungefähr hättest du zu Lisbeth sagen sollen."

„Du hast recht, Heming." Wir schwiegen beide eine Weile. Heming schenkte Kaffee ein und holte Kekse.

„Weißt du, Heming – es ist eigentlich merkwürdig, wie gut du Kinder verstehst. Man sollte fast glauben, du hättest selber welche."

„Um Kinder zu verstehen, braucht man nicht selber welche zu haben. Es genügt, daß man einmal ein Kind gewesen ist und nicht vergessen hat, wie einem damals zumute war."

„Aber Kinder können dich so gut leiden. Du mußt wohl etwas Besonderes an dir haben."

„Das ist wohl möglich. Und wenn es so ist – dann um so besser. Es wird sich als nützlich erweisen, wenn ich erst einmal Lehrer bin."

Lisbeth wimmerte wieder leise. Wir gingen zu ihr. Plötzlich murmelte sie etwas.

„Pfui, Steffi! Nicht schlagen!"

Es ging mir durch und durch, als ich das hörte.

„Er *ist* dumm! Er *ist* dumm! Er *ist* dumm! Du kannst mich ruhig schlagen. Aber er *ist* dumm!"

Dann murmelte sie etwas, was wir nicht verstehen konnten. Nach einer Pause kam ein langer Seufzer:

„Vater!"

Heming legte tröstend den Arm um mich, als mir wieder die Tränen kamen.

„Nimm es nicht so schwer, Steffi! Du mußt Lisbeth richtig verstehen. Sieh mal: Sie ist natürlich noch nie in ihrem Leben geschlagen worden; und sie begreift das alles nicht. Du mußt dich mit ihr aussprechen, sobald sie wieder gesund ist."

„Ja – wenn sie nur nicht – – –"

Keiner von uns wagte es, den Satz zu vollenden.

Aber plötzlich fragte Heming:

„Du hast sie doch wohl ärztlich untersuchen lassen? Ich meine: damals, als du erfuhrst, woran ihr Vater gelitten hatte?"

„Selbstverständlich. Als wir wieder in der Stadt waren, bin ich sofort mit ihr zu einem Arzt gegangen. Er sagte, sie wäre so gesund wie ein Fisch im Wasser. Und das wäre ein wahres Wunder. Es wäre völlig unbegreiflich, wie sie jahrelang mit einem Tuberkulosekranken zusammen hätte wohnen können, ohne von ihm angesteckt zu werden. Daß sie aber kerngesund ist, daran besteht, wie der Arzt sagte, nicht der geringste Zweifel."

„Das ist ausgezeichnet", sagte Heming. „Dann wird sie mit dieser Geschichte leichter fertig. Bei der kräftigen Ernährung, die du ihr hast zukommen lassen, wird sie eine ganz hübsche Portion Widerstandskraft sozusagen aufgespeichert haben."

„Glaubst du das?"

„Darauf kannst du dich verlassen. Ich finde, du pflegst sie direkt vorbildlich. Ausgezeichnetes Essen – Milch, Eier, Obst, gute Butter – peinlichste Reinlichkeit – jeden Tag eine warme Dusche – viel an frischer Luft – einen ganzen Sommer im Gebirge: könnte sie es wohl besser haben?"

„Daß du das alles gemerkt hast!" Ich mußte lächeln.

„Kinder interessieren mich", sagte Heming. „Ich habe des öfteren dies oder das an dir auszusetzen gehabt, wie du aber für Lisbeth sorgst, ist des höchsten Lobes wert. Glaubst du, ich wüßte nicht, daß man in deiner Wohnung vergeblich nach Lutschstangen und Bonbons suchen würde? Glaubst du, ich hätte nicht gehört, wie du Lisbeth anhieltest, ihre Zähne ordentlich zu putzen? Glaubst du, ich erinnerte mich nicht mehr, wie du nein sagtest, als Lisbeth ihr Stück Zucker in deinen Kaffee tauchen wollte, und wie du ihr erklärtest, sie könne leicht am Kaffee Geschmack finden, und das wäre nicht gut für sie? Glaubst du, ich wüßte nicht, daß in der Küche eine Flasche Sanasol steht, und daß Lisbeth jeden Tag davon etwas trinken muß?"

Wie tröstlich klang das alles in diesem Augenblick, da ich so ganz verzweifelt war und mich so unsagbar schämte!

Eigentlich verdiente ich dieses Lob freilich gar nicht.

Es war für mich etwas ganz Selbstverständliches, daß ich auf Lisbeths Gesundheit und Wohlergehen bedacht war. Mir selber war es ja nicht anders ergangen, als ich klein gewesen war.

Der Tag brach an. Wir hörten, wie das Leben auf der Straße erwachte. Ich bereitete das Frühstück. Heming und ich frühstückten zusammen. Dann mußte er gehen. Er hatte eine Vorlesung.

„Ich komme später wieder her, Steffi. Schreibe auf, was du besorgt haben willst. Ich bringe es dann mit."

„Das ist furchtbar nett von dir, Heming."

Als er schon auf dem Flur war, steckte er noch einmal den Kopf durch die Tür.

„Und wenn ein Ferngespräch von Stockholm kommt, mußt du ein braves Mädchen sein!"

Die Wohnungstür fiel ins Schloß. O ja, ich würde brav sein. Heming brauchte keine Angst zu haben.

Der Doktor kam und fand bestätigt, was er schon vermutet hatte. Es war kein Zweifel mehr möglich. Lisbeth hatte Scharlach. Nun waren wir beide auf unbestimmte Zeit isoliert.

Ich rief bei Rambech an. Glücklicherweise war die Übersetzung, an der ich gerade arbeitete, nicht sehr eilig. Dann sprach ich mit Anne-Grete. Sie versprach, am Nachmittag zu mir zu kommen. Gegen Mittag aber rief sie bei mir an und sagte mit klagender Stimme, Knut hätte noch keinen Scharlach gehabt, und sie hätte Angst, sie könnte den Krankheitsstoff auf ihn übertragen.

Heming aber ließ sich nicht fernhalten. Er beschaffte sich einen weißen Arztmantel und eine weiße Kappe und sah darin wie ein fröhlicher junger Bäckergeselle aus. Er wusch sich andauernd die Hände, spülte sich immer wieder den Mund aus und war überhaupt so vorsichtig, wie man es nur sein konnte – aber kommen wollte er.

Ich selber trug eine weiße Schürze mit Ärmeln und eine weißleinene Kappe, wusch Lisbeth, zog ihr frische Nachthemden an, kochte Hafersuppe, preßte Apfelsinen aus, erwärmte Milch. Das Fieber blieb hoch. Sie sollte nur flüssige Nahrung bekommen.

„Ißt du selber eigentlich etwas?“ fragte Heming eines Tages.

„O ja.“

„Was hast du gestern zu Mittag gegessen?“

„Wie du fragst! – Spiegeleier, glaube ich.“

Heming ging fort und kehrte mit einigen Paketen zurück. Dann ging er in die Küche und schmorte und briet. Nach einer Weile brachte er mir auf einem Brett ein Beefsteak mit Gemüse.

„Du mußt ordentlich essen, Steffi. Vor dir liegen noch viele anstrengende Wochen.“

Von da an brachte er jeden Tag Fleisch und andere gute Dinge mit und paßte auf, daß ich sie gut zubereitete und mir Zeit zum Essen ließ. Er war wundervoll!

Der Doktor verordnete kalte Packungen und zeigte mir, wie man dabei verfahren müsse. Heming ging in die Apotheke und holte geölte Leinwand. Dann hoben wir zusammen den kleinen, fieberheißen Körper hoch und packten ihn ein: zuerst kam ein nasses Bettuch, dann die wasserdichte Leinwand und schließlich eine wollene Decke.

Lisbeth war kaum wiederzuerkennen: über und über mit roten Tüpfeln besät, die Wangen merkwürdig geschwollen, die Lippen brennend rot und die Umgebung des Mundes unnatürlich weiß.

Sie phantasierte oft. Eines Tages sprach sie viel von Perle und Graubein. Offenbar erlebte sie noch einmal die Sommertage im Gebirge. Ein anderes Mal murmelte sie etwas von ihrem Fahrrad. Am häufigsten aber sprach sie von Heming. Mich erwähnte sie selten, und wenn sie es tat, machte sie mir meistens Vorwürfe. Es war kaum auszuhalten.

Der Doktor trug mir auf, ich solle sie baden. Sie hatte es immer sehr geliebt, in der Badewanne zu planschen.

Es war erschütternd, den kleinen, abgemagerten, scharlachroten Körper so schlaff und matt in der Badewanne liegen zu sehen.

Eines Tages wimmerte sie wieder. Sie war bei Bewußtsein, und ich fragte sie, ob sie Schmerzen hätte.

„Das Ohr tut so weh", jammerte Lisbeth.

Ich rief bei dem Doktor an. Er machte ein bedenkliches Gesicht, als er Lisbeth untersucht hatte.

„Ohrengeschichten sind eine sehr häufige Begleiterscheinung des Scharlachfiebers", suchte er mich zu trösten. Wahrscheinlich sollte es für mich ein Trost sein, daß dergleichen häufig vorkam.

Aber was nützte mir das? Darum wurden die Schmerzen, die meine kleine Lisbeth aushalten mußte, nicht geringer.

Der Doktor mußte das Trommelfell durchstechen. Lisbeth war geduldig. Sie schrie nicht, sondern weinte nur still und leise vor Schmerz.

Lieber Gott! Hätte ich ihr doch die Schmerzen abnehmen können! Warum mußte das arme kleine Kind so leiden?

Der Doktor kam jetzt häufiger. Jeden Tag behandelte er Lisbeths Ohren, und mehrmals täglich wischte ich vorsichtig die braune Flüssigkeit weg, die herausrann. Da sah ich plötzlich ein Bild vor mir, das sich mir unvergeßlich eingeprägt hatte.

Es war in Holland gewesen. Ein kleines Mädchen mit einem seltsam leblosen, verschlossenen Gesicht. Wir kauften im gleichen Geschäft ein. Das Mädchen legte einen Zettel und das Geld, das in Papier gewickelt war, auf den

Ladentisch. Die Verkäuferin holte die Waren, das Mädchen bekam diese und das Wechselgeld in ihren Korb und ging.

Nie sagte sie ein Wort.

Ich fragte eines Tages die Verkäuferin.

„Die arme Kleine!“ sagte sie. „Sie ist taubstumm. Sie wurde es, nachdem sie Scharlach gehabt hatte.“

Wenn ich jetzt Lisbeths Ohren wusch und wenn der Doktor ein ernstes Gesicht machte, sah ich immer das taubstumme kleine holländische Mädchen vor mir.

Ich hatte keine Ahnung mehr, welchen Wochentag wir hatten oder welches Datum wir schrieben. Ich war immer todmüde. Aber die Müdigkeit war bedeutungslos, verglichen mit der Angst, die ich um Lisbeth fühlte. „Leg dich jetzt hin und schlafe!“ sagte Heming eines Tages.

„Ich schlafe ja so oft, Heming – –“

„Ja. Und jedesmal höchstens eine halbe Stunde. Ich komme heute von der Zeitung direkt hierher. Dann legst du dich hin, und ich bleibe bei Lisbeth, bis du von selber aufwachst. Verstanden?“

Ich mußte mich fügen. Ich machte den Diwan im Wohnzimmer zurecht, und als Heming bei Lisbeth war, sank ich todmüde ins Bett.

Ich schlief bis zum nächsten Tage um zwölf Uhr mittags. Als ich aufwachte, fühlte ich mich wie ein neuer, besserer Mensch. Heming brachte mir Kaffee ans Bett.

„Nun gehe ich in die Küche, während du dich duschst. Dieses bunte gespensterhaft aussehende Dings hier ist vermutlich ein Morgenrock. Nun geh und nimm ein Bad!“

Es war eigentlich merkwürdig. Hier war ein junger Mann, der buchstäblich bei Tag und bei Nacht kam und ging, wie er wollte. Er hatte einen Schlüssel für die Haustür und einen für die Wohnung. Er schickte mich ins Bett, er brachte mir meinen Morgenkaffee, er spazierte in meiner Küche, meinem Badezimmer, meinem Schlafzimmer umher, als wäre er bei sich zu Hause.

Und doch waren unsere Beziehungen von Anfang an so rein kameradschaftlicher Natur gewesen, daß keiner von uns je auf den Gedanken gekommen war, wir könnten uns ineinander verlieben.

Heming hatte bei mir gegessen und war dann in die Redaktion gegangen. Ich hatte in der ganzen Wohnung Ordnung gemacht und mich dann mit einem Buch ins Wohnzimmer gesetzt.

Lisbeth schlief. Ihre Temperatur war nicht besonders hoch. Etwas über achtunddreißig. Plötzlich schrie sie auf. Ich warf das Buch hin und stürzte ins Schlafzimmer.

„Kleine Lisbeth – was hast du?"

„Die Ohren – die Ohren – –", jammerte sie und preßte ihre Hände auf die kleinen Ohren.

„Tun sie so weh, Lisbeth? – Alle beide?"

„Am meisten das eine – aber das andere auch – o Steffi, – es tut so weh – kannst du nichts daraufschmieren? – Hilf mir doch, Steffi – – oh! – –"

Sie brach in ein verzweifeltes Schluchzen aus.

Ich rief wieder einmal bei dem Doktor an. Er machte gerade Krankenbesuche. Da rief ich bei einem anderen an, einem Ohrenarzt. Er kam sofort.

Lisbeth war sehr geduldig, als er sie untersuchte. Es war ein netter, freundlicher Mann, und er verstand es gut, mit Kindern umzugehen.

„So, Kleine", sagte er, als die Untersuchung beendet war. „Nun wollen wir dafür sorgen, daß die häßlichen Schmerzen aufhören, damit du heute nacht gut schläfst – und Mutti auch."

Lisbeth schien es nicht weiter merkwürdig zu finden, daß der Doktor mich für ihre Mutter hielt.

Sie bekam eine Spritze mit irgendeiner Flüssigkeit in den Arm. Bei dem Stich zuckte sie etwas zusammen, sagte aber nichts. Bald darauf war sie eingeschlafen.

„Wir wollen die Sache bis morgen abwarten", sagte der Doktor. „Ich muß Sie aber darauf vorbereiten, daß wir wahrscheinlich zu einer doppelseitigen Meißelung werden schreiten müssen." Er merkte wohl, daß ich ein sehr erschrockenes Gesicht machte, denn er legte seine Hand beruhigend auf meinen Arm. „Sie brauchen sich nicht zu ängstigen, gnädige Frau. Es ist eine verhältnismäßig einfache Sache, die gut auszugehen pflegt."

„Müssen Sie–wollen Sie–muß Lisbeth ins Krankenhaus?"

„Das wird sie wohl müssen – jedenfalls auf kurze Zeit. Und nun, gnädige Frau, sollten Sie versuchen, etwas zu schlafen. Sie sehen sehr müde aus. Sind Sie ganz allein mit Ihrer kleinen Tochter?"

„Ja", sagte ich. „Ich will es selber so. Ich mag sie nicht von mir fortlassen, sofern es nicht unbedingt sein muß."

„Das kann ich gut verstehen", sagte der Doktor.

Da erzählte ich ihm, daß Lisbeth meine Pflegetochter wäre, nicht meine Tochter – und ich selber ein Fräulein, keine Frau. Er schien das nicht weiter merkwürdig zu finden.

Lisbeth war glühend heiß. Sie hatte einen schweren Schlaf. Ich blieb an ihrem Bett sitzen.

Ich mußte an viele kleine Begebnisse in den letzten Monaten denken. Ich hörte die helle Kinderstimme, die damals im Frühling gesagt hatte: „Vater! Der Hut der Dame da sieht genauso wie eine Bananenschale aus!“ Ich dachte an die Autofahrt nach Drammen. Wie war Lisbeth doch zuerst schüchtern und fassungslos gewesen! Und wie war sie dann nach und nach aufgetaut! Ich dachte an Lisbeth in den Bergen. Wie sonnenverbrannt und zerzaust und schmutzig und glücklich war sie doch gewesen! Ich dachte an das zitternde, schluchzende kleine Wesen, das nach Georgs Tod auf meinem Schoß gesessen und sich an mich geklammert hatte. Ich dachte an die ersten Schultage – es war kaum einen Monat her – und wie stolz ich auf sie gewesen war. Sie hatte ein ganz allerliebstes Schulkleid, das ich selber für sie zusammengestellt hatte: blauer Faltenrock, knappe blaue Jacke, darunter eine weiße Bluse, breiter gestärkter Kragen und eine schwarze Seidenschleife. Ihr Haar war weich und schmiegsam. Es hatte mir nicht viel Mühe gemacht, es in eine richtige Pagenfrisur zu verwandeln. Sie hatte hinreißend ausgesehen.

Ich dachte daran, wie sie mit Heming spielte, hörte ihr jubelndes, glückliches Lachen. Und ich dachte an ihr Verhalten Carl gegenüber – voller Ablehnung und Trotz. Wie dumm von mir, daß ich mich darüber geärgert hatte! Denn erstens verdiente Carl es nicht besser, und zweitens ließ sich nichts dazu sagen, wenn ein Mensch gegen einen anderen eine unüberwindliche Abneigung fühlte. Ich wollte Lisbeth bei passender Gelegenheit einmal sagen, daß man es lernen müsse, sich in einem solchen Falle zu beherrschen.

Lisbeth war in mein Dasein eingetreten – gewiß hatte sie es in mancher Hinsicht auf den Kopf gestellt, mir Sorgen und Schwierigkeiten bereitet, aber dennoch – sie war ein Teil, ein wesentlicher Teil meines Lebens geworden. Ich versuchte, mir meine Tage ohne Lisbeth vorzustellen. Du lieber Gott! Wie würde sie mir fehlen! Ich konnte es mir gar nicht ausdenken, wie es sein würde, wenn ich von ihrer hellen, fröhlichen Stimme am Morgen nicht mehr geweckt würde – wenn ich sie nicht mehr im Badezimmer schwätzen und lachen hörte – wenn ich ihr beim Ankleiden nicht mehr zusähe, ihr nicht mehr das Haar bürstete, es nicht mehr um die Finger wickelte, um ihm den richtigen Sitz zu geben – wenn ich ihr nicht mehr bei den Mahlzeiten gegenübersäße, nicht mehr ihre Schritte auf der Treppe hörte! Welcher Gedanke, ich sollte nicht mehr meine Arbeit liegenlassen, um mit ihr Ludo zu spielen oder mit ihr Schreibhefte anzusehen, in das sie Glanzbilder und Sterne aus Goldpapier eingeklebt hatte!

Nein, mein geliebtes kleines Mädchen, ich möchte auf nichts verzichten, was zu dir gehört: nicht auf die Löcher in deinen Strümpfen, die immer gerade dann gestopft werden müssen, wenn ich am meisten zu tun habe – nicht auf deine kleine Stimme, die mich immer dann am liebsten stört, wenn ich in eine besonders schwierige Arbeit vertieft bin – nicht auf die Röcke, die gebügelt werden müssen, nicht auf den Mantel, den ich in späten Abendstunden verlängern oder auslassen muß! Ich liebe dich so, wie du bist, Lisbeth, und mit allem, was dazu gehört – allem Guten und allem Beschwerlichen, allem Glück und allem Schmerz!

Ich beugte mich über sie. Sie schlief noch immer und wimmerte im Schlaf leise vor sich hin. Ich legte vorsichtig meine Hand auf ihre fieberheiße Stirn. Großer Gott! Wenn sie nur nicht – – –

Ich wagte diesen Gedanken nicht zu Ende zu denken.

Ich maß ihre Temperatur. Einundvierzig.

In diesem Augenblick läutete das Telefon.

Ich schloß die Schlafzimmertür, bevor ich den Hörer abnahm.

Ferngespräch aus Stockholm.

Carls Stimme fragte mich:

„Steffi, meine Liebe! Hast du im Bett gelegen?"

„Nein", sagte ich.

„Denkst du ein wenig an mich?"

„Nein!" schrie ich. Meine ganze Verzweiflung und meine ganze unsagbare Angst machten sich in heftigen, sich überstürzenden Worten Luft.

„Ich denke nicht an dich – und ich schäme mich, daß ich jemals an dich gedacht habe. – Lisbeth ist krank – Lisbeth hat einundvierzig Grad Fieber. Und es ist meine Schuld – ich habe sie zum Spielen fortgeschickt, statt mich selber ihrer anzunehmen. – Sie hat sich eine Ansteckung geholt – sie hat Scharlachfieber – sie soll morgen operiert werden – ich weiß nicht, ob sie das überlebt – und ich schäme mich, daß ich daran habe denken können, mich von ihr zu trennen – –"

„Aber Steffi! Liebe Steffi! Beruhige dich doch – versuche doch, dich etwas zu beruhigen. – Ich kann es ja gut verstehen, daß du aufgeregt bist – aber du wirst sehen: es wird noch alles gut – –"

„Was weißt du davon? – Du hast nur daran gedacht, Lisbeth loszuwerden – und es ist dir gelungen, mir einzureden, daß es wohl das vernünftigste wäre – aber jetzt verliere ich sie vielleicht – – Du hast immer nur an dich gedacht – du wolltest eine Frau haben, mit der du dich sehen lassen kannst, die es versteht, standesgemäß aufzutreten – und es macht dir nicht das geringste aus, daß das beste und ehrlichste Mädchen von der Welt dabei seelisch zugrunde gerichtet würde – das verzeihe ich dir nie –"

„Steffi! Höre mich doch an! Ich will dir so gerne helfen, Steffi – –"

„Das willst du nicht, und das kannst du auch gar nicht. Ich werde dir nie verzeihen – und auch mir selber nicht – wenn nun Lisbeth – – –"

Tränen erstickten meine Stimme. Ich wurde so heftig vom Weinen geschüttelt, daß ich kein Wort mehr hervorzubringen vermochte. Ich legte den Hörer auf die Gabel. Aber bei all meiner Verzweiflung spürte ich doch eine Art Erleichterung. Ich hatte mich an Lisbeth versündigt, das war sicher und gewiß, aber ich hatte jetzt doch wenigstens getan, was ich tun konnte, um meine Schuld zu sühnen.

Es war mir, als wüsche der Tränenstrom mich gleichsam rein. Die Angst um Lisbeth war genauso groß, genauso schmerzhaft wie zuvor – aber der Schmerz war jetzt reiner. So empfand ich es jedenfalls.

Diese Nacht war die fürchterlichste, die ich je erlebt habe. Der schwere Schlaf war noch schlimmer als die Fieberphantasien und das Wimmern. Es war etwas Unheimliches daran.

In den anderen Nächten hatte ich mich ausgezogen, ohne das Licht auszuschalten, und sogar ein wenig geschlafen. Bei dem leisesten Ton, den Lisbeth hören ließ, war ich aber sofort munter geworden. In dieser Nacht jedoch kam ich gar nicht auf den Gedanken, mich auszukleiden. Ich saß still auf meinem Stuhl an Lisbeths Bett, den Blick starr auf ihr kleines Gesicht gerichtet. Von Zeit zu Zeit fühlte ich ihr den Puls und legte meine Hand auf ihre glühend heiße Stirn.

Als es hell zu werden begann, warf sie sich unruhig im Bett herum und murmelte etwas. Da bemerkte ich, daß aus dem einen Ohr Eiter rann. Ich wischte ihn weg und hob dann vorsichtig Lisbeths Kopf an, um besser heranzukommen. Da floß er über ihre Wange und über meine Hand.

Wie merkwürdig! Ich hatte bisher nie einen heftigen Widerwillen gegen alles, was mit Krankheit zusammenhing, überwinden können. Und jetzt – – jetzt beseitigte ich Ausgebrochenes, lief mit Becken herum, verabreichte Klistiere und wusch Eiter ab – und das alles machte mir gar nichts aus.

So geht es, wenn man einen Menschen wirklich lieb hat. Lisbeths Schlaf wurde leichter und ruhiger. Ich maß wieder die Temperatur. Sie ging beträchtlich herunter. Ich wechselte die Bettwäsche und ließ frische Luft ins Schlafzimmer. Als ich damit fertig war, erreichte die Morgensonne gerade das Fenster. Ein Sonnenstrahl stahl sich durch die leichten, luftigen Vorhänge und streifte Lisbeths Gesicht. Alles schien auf einmal leichter und lichter geworden zu sein.

Lisbeth murmelte wieder etwas, drehte sich herum – und schlug die Augen auf.

„Kleines Häschen – geht es dir besser?“

Sie blinzelte mit den Augen und sah mich an. Sie war von dem langen Schlaf noch ganz benommen. Aber plötzlich kam ihr die Erinnerung.

„Heute tut es nirgends weh, Steffi!“

„Das ist ja herrlich, Mäuschen!“

„Du, Steffi! Ich habe Hunger.“

„Gedulde dich nur einen Augenblick. Ich bringe dir gleich deine Haferschleimsuppe.“

Lisbeth machte eine kleine Pause.

„Steffi!“

„Ja, mein Liebling?“

„Weißt du, was ich furchtbar gern essen möchte?“

„Nun?“

„Es ist aber schrecklich teuer.“

„Du sollst es trotzdem haben, wenn es sich beschaffen läßt. – Also: was ist es?“

„Solche Torte, wie wir sie an meinem Geburtstag gegessen haben – mit einer Masse Schlagsahne und Ananas.“

Die Torte wurde sofort bestellt.

Und als die Ärzte kamen – alle beide: der Kinderarzt und der Ohrenspezialist –, da saß Lisbeth, von vielen Kissen gestützt, aufrecht im Bett, und ich saß neben ihr – und auf dem Nachttisch stand eine große Ananastorte, in die wir schon tüchtige Lücken gerissen hatten. So fürchterlich die Nacht gewesen war, so wundervoll wurde der Tag.

Beide Ärzte waren überrascht und erfreut. Die Ohrenentzündung war in der Rückbildung begriffen. Der starke Eiterfluß hatte wohl sehr erleichternd gewirkt. Es hatte den Anschein, als würde Lisbeth die Aufmeißelung erspart bleiben.

Du lieber Gott! Wie glücklich ich war!

Natürlich mußte Lisbeth noch lange das Bett hüten. Natürlich stand mir noch manche schlaflose Nacht, manche Besorgnis, manche Plackerei bevor – aber das Schlimmste war überstanden, und ich war entschlossen, keinerlei Anstrengungen zu scheuen, um Lisbeth wieder gesund zu machen.

Als die Ärzte gegangen waren, wusch ich in der Küche die Kuchenteller ab. Ich kochte übrigens alles Geschirr. Das war zwar etwas umständlich, aber mir schien, ich könne nicht vorsichtig genug sein.

Die Sonne hatte das Küchenfenster erreicht. Die blaugewürfelten Vorhänge bewegten sich sacht im schwachen Luftzug. Draußen auf dem eingezäunten Platz in der Mitte des Hofs schimmerte das Herbstlaub in rotgoldener Pracht.

Es war ein wundervoller Tag!

Und ich war so froh – so erleichtert und dankbar. Es war mir, als hätte ich auch eine Art Entzündung gehabt und als hätte das Telefongespräch mit Carl Lövold eine Zwischenwand durchstoßen, so daß der Eiter hatte ausfließen können. Nur eine reine, frische Wunde war zurückgeblieben.

Ich faltete die Hände.

„Lieber Gott, ich danke dir, daß ich Lisbeth behalten darf."

„Steffi!“

„Ja, Lisbeth!“

„Es riecht so gut. Was machst du?“

„Essen für dich.“

„Aber was?“

„Rate mal!“

Lisbeth schnüffelte.

„Frikadellen sind es nicht – Beefsteak auch nicht – – du, Steffi! – Ist es etwas, was ich schon mal gegessen habe?“

„Ich weiß, daß du es schon einmal wenigstens gegessen hast. Auf einem Ausflug.“

Lisbeth sann nach und schnüffelte wieder.

„Oh! Jetzt weiß ich es! Gebratene Hühnchen!“

„Stimmt! Aber leg dich solange hin! Du bekommst bald dein Essen.“

„Kann ich nicht ein Buch haben?“

„Doch. Hier ist eins. Du hast es zu Boden fallen lassen.“

„Das habe ich schon aus.“

„Du Leseratz! Dann mußt du dich mit dem ‚Familienjournal‘ begnügen, bis ich ein anderes Buch besorgt habe. Uff! Hättest du doch nie lesen gelernt!“

„Kann ich nicht lieber das Plastilin haben?“

„Natürlich. Aber dann mußt du das Brett haben.“

Ich hatte eine Sperrholzplatte besorgt, die quer über das Bettgitter gelegt wurde. Auf diese Weise hatte Lisbeth ihr Glas mit dem Apfelsinensaft, ihre Bücher und Spielsachen immer bequem zur Hand.

„Steffi! Kann ich nicht etwas Apfelsinensaft haben?"

„Ja, gern – aber jetzt muß ich laufen, sonst brennt mir mein Hühnchen an!"

Wie gehetzt rannte ich in die Küche.

Ich schleppte Spielsachen herbei, preßte Apfelsinen aus, kochte die raffiniertesten Sachen, wusch den Fußboden, wischte Staub, lüftete, machte Betten, wusch und kämmte Lisbeth, ging ans Telefon – und räumte dauernd auf. Es ist unglaublich, was ein kleines Kind, das an sein Bett gefesselt ist, alles anrichten kann. Bücher auf dem Fußboden, Krümel im Bett, Haufen von Papier auf dem Nachttisch, am Bettuch festklebendes Zuckerwerk, Plastilinklumpen an allen möglichen und unmöglichen Stellen! Ihr Brett mußte jeden Tag gescheuert werden, und was sie an Bettüchern und Kopfkissenbezügen verbrauchte, ging in die Dutzende.

Müde war ich, das leugne ich nicht. Aber was machte das? Lisbeth ging es besser und besser, die Ohrenentzündung war überstanden, sie aß mit Appetit und plauderte vergnügt: Was spielte es da für eine Rolle, daß ich müde war?

Ich hatte an Lisbeths Großmutter geschrieben, ich würde das Kind sehr gern behalten, und weil ich jung wäre und gut verdiente, könnte ich es auch. Ich versprach, Lisbeth zu adoptieren und zu meiner Erbin einzusetzen.

Wenn Frau Bredal darauf einging, dann wollte ich meine Leibrente verkaufen und das Geld in sicheren Papieren anlegen. Die Zinsen wollte ich verbrauchen, das

Vermögen selber aber sollte nicht angetastet werden. Das sollte Lisbeth bekommen.

Ich sprach mit Heming darüber.

„Jetzt gefällst du mir, Steffi“, sagte Heming.

Und er gefiel mir auch. Er war so wundervoll nett zu Lisbeth. Sie jauchzte jedesmal, wenn er kam. Sie hörte seine Schritte schon auf der Treppe. Sie kannte sie ganz genau und irrte sich nie. Er pflegte ihr nichts mitzubringen – oder jedenfalls doch nur äußerst selten. Und dann handelte es sich nur um Kleinigkeiten. Aber wie freute sie sich, wenn er sich an ihr Bett setzte und mit ihr plauderte!

Als sie eines Nachmittags eingeschlafen war und Heming und ich zusammen beim Essen saßen, fragte er plötzlich:

„Du hast die Schulbücher wohl seit dem Tage, an dem Lisbeth krank wurde, nicht mehr geöffnet?“

„Natürlich nicht“, antwortete ich. „Wann hätte ich das auch wohl tun sollen? Aber wenn schon – – – Ist es nicht unendlich viel wichtiger, daß Lisbeth nun bald wieder gesund ist? In einigen Tagen darf sie schon etwas aufstehen.“

„Natürlich ist das wichtiger“, sagte Heming. „Und das Abitur kannst du ja auch im nächsten Jahr noch machen. Wenn du nicht – –“

„Wenn du nicht – –?“

Heming antwortete nicht. Er blickte lächelnd vor sich hin. Plötzlich aber sah er auf und sagte:

„Nein – es ist noch nicht soweit – aber ich wollte sagen – wenn ich mein Examen gemacht habe und angestellt bin – dann werde ich zu dir kommen und dich fragen, ob ich dich bekommen kann – und Lisbeth dazu – – du brauchst jetzt nicht zu antworten, ich habe dich noch gar nicht gefragt, aber ich *werde* es tun – – Himmel! – Es ist schon nach sieben! – Ich muß laufen! Auf Wiedersehen, Steffi!“

Wie war die Welt doch schön und gut! Beim Abwaschen summte ich vergnügt vor mich hin – was eigentlich nicht meine Gewohnheit war.

Nach dem Abwaschen setzte ich mich in einen bequemen Sessel, streckte die Hand nach dem Bücherbord aus und griff nach dem erstbesten Buch. Es war ein „Französisches Lehrbuch für das Gymnasium“. Ich blätterte darin. Wahrhaftig! Es begann mit einem Märchen, das ich als kleines Kind gelesen hatte und beinahe auswendig konnte. Wenn beim Abitur nicht mehr verlangt wurde, dann konnte das Examen im Französischen von mir aus schon am nächsten Tage losgehen.

„Steffi!“

Ich stand auf.

„Was ist, kleine Maus?“

„Was machst du?“

„Ich lese.“

„Was liest du?“

„Ein Märchen – ob du es nun glaubst oder nicht.“

„Lies es mir vor.“

„Das geht nicht, Lisbeth. Es ist ein französisches Märchen.“

„Dann kannst du es doch übersetzen.“

Welch ausgezeichnete Übung für mich! dachte ich. Ja. Ich mußte es versuchen.

Und so übersetzte ich denn das Märchen von den zwölf Monaten, die im Walde um ein Lagerfeuer versammelt waren – von „Bruder Juni“, der Erdbeeren herbeischaffte – von „Bruder September“, der für Äpfel sorgte – und von „Bruder März“, der mitten im Winter Veilchen hervorzauberte.

Lisbeth lauschte mit kugelrunden Augen. Anfangs stotterte ich etwas, aber bald ging es recht gut. Jedenfalls stotterte ich nicht so arg, daß Lisbeths Interesse dabei erloschen wäre.

„Du, Steffi!“ sagte Lisbeth, als das Märchen zu Ende war. „Alle Stiefmütter sind doch nicht so schlimm? Sind sie das nicht bloß im Märchen?“

„Es gibt sicher sehr viele nette Stiefmütter.“

„So wie du zum Beispiel“, sagte Lisbeth.

„Ich?“ fragte ich.

„Ja. Denn für mich bist du doch eigentlich eine Stiefmutter.“

„Aber leider nicht immer eine nette“, sagte ich. Nun war der Augenblick zu einer Aussprache gekommen.

„Nur einmal warst du nicht nett“, sagte Lisbeth.

„Damals waren wir beide nur dumm“, sagte ich.

„Wieso dumm?“

Dann wiederholte ich, was Heming mir erklärt hatte – von der Abneigung – und von der Pflicht, sie zu beherrschen.

„Du kannst natürlich nichts dafür, daß du Herrn Lövold nicht leiden kannst – –“

„Nein, dafür kann ich wohl nichts“, sagte Lisbeth, und es klang, als wollte der alte Trotz wieder hervorbrechen. Aber plötzlich lächelte sie:

„Ich werde höflich sein, Steffi, wenn Herr Lövold das nächste Mal kommt."

„Herr Lövold kommt nicht mehr, Lisbeth."

Ein strahlendes Lächeln verbreitete sich über Lisbeths Gesicht.

„Oh! Das ist schön!"

Sie blickte mich nachdenklich an. Dann sagte sie mit etwas unsicherer Stimme:

„Verzeihe mir, Steffi! Ich war gewiß sehr unartig. Sei mir nicht mehr böse!"

„Nein, kleine Lisbeth. Ich bin dir nicht die Spur böse. Aber du mußt mir versprechen, daß du es nicht wieder tun wirst."

„Ja. Das verspreche ich dir", sagte Lisbeth.

„Sieh mal, Lisbeth – es tut mir schrecklich leid, daß ich dich geschlagen habe. Du kannst mir glauben, daß ich es bitter bereut habe. Du mußt mir nun auch nicht mehr böse sein, Lisbeth."

„Nein", sagte Lisbeth großmütig. „Ich bin dir nicht mehr böse. Aber du mußt mir versprechen, daß du es nicht wieder tun wirst!"

Lisbeth hatte am Vorlesen Geschmack gefunden. Ich mußte täglich mehrere Stunden lesen. Ich las ihr nach und nach mein ganzes französisches Pensum vor. Es war leichter Stoff, den zu übersetzen Vergnügen machte. Und Lisbeth schluckte alles – Wort für Wort.

Und ich hatte einen herrlichen kleinen Plan. Ich wollte Heming bitten, mit mir weiterzuarbeiten, sobald Lisbeth wieder ganz gesund wäre. Heming selber sollte das Staatsexamen im Frühling machen. Lisbeth sollte in die zweite Klasse versetzt werden. Sollte ich die einzige sein, die kein Examen machte? Den Prüfungsstoff in Biologie prägte ich mir selber ein.

„Was liest du da, Steffi? Kannst du es mir nicht übersetzen?"

„Diesmal ist es Norwegisch. Aber ich glaube nicht, daß du es amüsant finden wirst."

„Wovon handelt es denn?"

„Von etwas sehr Unappetitlichem – von Trichinen."

„Was ist das?"

„Kleine ekelhafte Tiere, die im Schweinefleisch leben."

„Ih! Wie sehen sie aus?"

„So." Ich zeigte ihr die Abbildung.

„Nie wieder esse ich Schweinefleisch", erklärte Lisbeth bestimmt.

„Das ist nicht weiter gefährlich, vorausgesetzt, das Fleisch ist ordentlich gebraten."

„Und wenn es das nicht ist?"

„Dann kannst du eine gefährliche Krankheit bekommen – die sogenannte Trichinose."

„Was ist das?"

„Wenn du lebende Trichinen verschluckst, dann spazieren sie in deinem Körper herum und setzen sich schließlich in deinen Muskeln fest. Da bleiben sie dann."

Lisbeth fragte und fragte mit Augen, die vor Wissensdurst glänzten. Ich machte es mir schließlich fast zur Gewohnheit, ihr zu erzählen, was ich gerade lernte. Das Amüsante daran war, daß mir alles viel klarer wurde, wenn ich den Stoff in leicht verständliche Worte kleiden, ihn jemand anderem vortragen mußte. Sogar die Biologie verlor auf diese Weise ihre Schrecken.

Lisbeths Wiederherstellung sollte mit einem Festessen gefeiert werden.

Sie war für gesund und ansteckungsfrei erklärt worden und hatte schon vor mehreren Tagen aufstehen dürfen. Auch die Ohren waren wieder ganz in Ordnung, wenn sie auch noch durch eine Kappe mit warmem Wollfutter geschützt wurden.

Die Wohnung war desinfiziert, und – Erna war wieder da. Glücklich, wieder bei Lisbeth und mir sein zu können, vollbrachte sie in der Küche wahre Wunder ihrer Kunst. Lisbeth hatte die Speisenfolge bestimmen dürfen. Die Haupt- und Glanzstücke waren Schneehühner und Ananastorte.

Als Gäste waren Anne-Grete, Knut, Heming und Tante Helga erschienen.

Die Stimmung war ausgezeichnet. Lisbeth in ihrem neuen Kleide – sie war während ihrer Krankheit gewachsen – sah entzückend aus.

Anne-Grete und Knut machten geheimnisvolle Gesichter. Als Erna zum zweiten Male Schneehuhn herumgereicht hatte, kam es:

Ob Lisbeth Lust hätte, am 15. Dezember Brautjungfer zu sein.

Und ob sie Lust hatte!

Anne-Grete und Knut hatten eine kleine Wohnung gemietet, und nun wollten sie also heiraten. Die Hochzeit sollte bescheiden sein und im kleinsten Kreise gefeiert werden. Aber Heming und ich wurden dennoch feierlich eingeladen.

„Wie ist es denn mir dir Steffi?“ fragte Knut. „Du konntest ja wochenlang nicht lernen. Aus dem Abitur zum Sommer wird nun wohl nichts?“

„Sag das nicht!“ erwiderte ich.

„Was ist das?“ rief Heming.

„Mit den Sprachen und der Biologie bin ich fertig. Was im Norwegischen verlangt wird, kann ich mir selber beibringen, und wenn du mir noch tüchtig in Mathematik, Chemie und Geographie hilfst, sollte es wohl gehen.“

„Steffi!“ rief Heming. Er sprang hoch hoch und küßte mich mitten auf den Mund.

Aber dann sah ich ihn zum ersten Male verwirrt und äußerst verlegen.

„Entschuldige, Steffi – aber du kannst dir wohl denken, wie ich mich freue – und wie stolz ich auf dich bin – –“ Plötzlich wandte er sich mit entschlossener Miene an die anderen:

„Ihr müßt nämlich wissen, daß auch wir heiraten wollen - und zwar, sobald Steffi das Abitur gemacht hat und ich das Staatsexamen.“

In dem unbeschreiblichen Durcheinander von Rufen, Lachen, Glückwünschen, das nun folgte, merkte ich, wie jemand zaghaft an meinem Kleid zupfte.

„Steffi! Ist es wahr? Willst du wirklich Heming heiraten?“

Ich hatte ein Gefühl, als säße mir ein Kloß im Halse. Ich drückte Lisbeth fest an mich und verbarg mein Gesicht in ihrem Haar, so daß ihre schöne Pagenfrisur ganz in Unordnung geriet.

„Ja“, sagte ich ganz leise.

„Aber – – soll ich – – sollst du – –“ Lisbeth blickte mich fragend an. Heming kam uns zu Hilfe. Er hob Lisbeth hoch in die Luft, setzte sie aber sogleich wieder nieder.

Dann ergriff er ihre beiden Hände und zog sie an sich heran.

„Du, Lisbeth? Was du sollst? Willst du es wissen?“

„Ja – –“

„Zuerst sollst du wieder in die Schule gehen – und im Herbst sollst du in die nächste Klasse aufrücken – – aber ich glaube kaum, daß du dann noch hier wohnen wirst.“

„Ich soll hier nicht mehr wohnen?“ fragte Lisbeth mit Augen, die vor Angst groß waren.

„Nein. Denn dann wohnen wir alle drei in einem kleinen Hause auf dem Lande, und das Haus hat einen Garten, und in dem Garten wirst du spielen.“

„Mit wem soll ich spielen?“

„Tja. Mit wem wohl? – – Du könntest ja zum Beispiel mit einem jungen Hund spielen. Möchtest du das?“

„O ja! Schrecklich gern.“

„Aber da ist noch eins“, sagte Heming. „Wenn dich nun jemand fragt, wessen Tochter du bist, weißt du, was du dann sagen mußt?“

Lisbeth blickte Heming unsicher an.

„Steffis.“

„Dann sagst du, du bist die Tochter von Herrn und Frau Skar! Und dann bleibt dir nichts weiter übrig, als zu Steffi Mutti und zu mir Vati zu sagen.“

„Aber – aber – soll ich dann auch Skar heißen?“

„Natürlich. Aber –“ Heming schien zu erraten, was in Lisbeth vorging – „aber darum sollst du deinen lieben guten Vater, den du verloren hast, nicht etwa vergessen. Glaube nur ja nicht, daß du seinen Namen wegwerfen sollst! Weißt du, wie du heißen sollst? Liz Jensen Skar. *So* sollst du heißen!"

„Ja", sagte Lisbeth, die von jetzt ab Liz hieß.

Es läutete an der Wohnungstür.

Erna kam herein.

„Eine Dame wünscht Sie zu sprechen, Fräulein Sagen."

Ich stand auf und ging hinaus.

Eine nett aussehende ältere Dame stand vor der Tür – eine Dame mit müden Gesichtszügen und in einem abgetragenen Kleide, aber mit schönen, leuchtenden braunen Augen unter der runzligen Stirn.

„Fräulein Sagen? Ich bin – –"

„Sie müssen Lisbeths Großmutter sein."

Sie nickte lächelnd.

„Haben Sie das sofort sehen können?"

„Das war nicht schwer. – Bitte, Frau Bredal, treten Sie näher. Ich habe im Augenblick gerade Besuch, aber –"

„Ich bin an Stelle meiner Tochter nach Oslo gefahren, denn ich wollte Sie doch gern kennenlernen und die kleine Lisbeth sehen, bevor ich sie aus den Händen gebe."

„Sie sind also damit einverstanden, daß ich sie adoptiere?"

„Ich habe nicht das Recht, Einspruch zu erheben, Fräulein Sagen. Aber, wie gesagt, ich wollte Sie doch gern erst kennenlernen."

Liz stand mitten im Zimmer, als wir eintraten. Ein wenig neugierig, etwas unsicher lächelnd. Das neue Kleid stand ihr so gut, und ihre Haare waren braun mit einem goldenen Schimmer. Wunderhübsch war sie, meine kleine Liz.

Wenn meine Gäste Frau Bredal außerordentlich freundlich begrüßten, so taten sie das nicht nur, weil sie wohlerzogene Menschen waren, sondern es kam auch daher, weil Frau Bredal gleich auf den ersten Blick überaus sympathisch wirkte.

Liz' Großmutter sagte nicht viel. Sie zog ihre Enkelin an sich und strich ihr mit ihrer rauhen Hand leicht über das Haar.

„So sieht die kleine Lisbeth also aus!" sagte sie leise. Ihr Blick schien weit in die Ferne zu schweifen. Liz sah sie aufmerksam an.

„Wie glaubtest du denn, daß ich aussähe, Großmutter?" fragte sie.

„Das kann ich selber nicht sagen, mein Kind. Als ich dich das letztemal sah, warst du ein kleines Bündel, das in der Nacht schrie und dessen Windeln ich wechseln mußte. Heute braucht wohl niemand mehr deine Windeln zu wechseln?"

Frau Bredal lächelte schelmisch, und Liz lachte laut.

„Mäuschen, geh mal zu Erna und bitte sie, uns noch etwas Kaffee zu bringen, willst du?"

Liz ging. Wie war doch die kleine Gestalt schlank und anmutig!

Mein Zimmer war geräumig. Tante Helga, Anne-Grete, Knut und Heming setzten sich um den Tisch am Fenster. Ich saß mit Frau Bredal am Kamin, wo wir ungestört plaudern konnten. Ich erzählte, was ich hinsichtlich Liz' Zukunft beschlossen hätte, und fügte noch hinzu, daß ich im Sommer zu heiraten gedächte und daß Heming an dem Kinde genauso hinge wie ich selber.

Frau Bredal lauschte und nickte. Dann legte sie ihre rauhe Arbeitshand auf meine.

„Sie sind lieb zu Lisbeth, Fräulein Sagen", sagte sie. „Ich sehe ja, wie gut sie es bei Ihnen hat. Ich weiß nicht, wie sie es bei dem Vater – – –"

„Ihr Schwiegersohn war ein unvergleichlicher Vater", sagte ich – dann kam Liz zurück. Sie brachte selbst die schwere Kaffeekanne.

„Tüchtiges Mädchen", lächelte Frau Bredal. Dann streichelte sie Liz über den Kopf.

„Was für helles Haar du hast, Lisbeth! Genau wie deine Mutter."

Dann – dann – – wie soll ich es erzählen können – wie kann ich es erklären – die paar Worte, die mich so wahnsinnig glücklich machten – –

Liz sah verwundert erst mich, dann ihre Großmutter an.

„Mutti hat doch ganz braunes Haar!"

„Braun?"

„Ja – sieh!" Eine kleine Hand näherte sich meiner Schläfe und zupfte eine meiner teuren Dauerlocken hervor. „Siehst du? Ganz braun!"

Liz plauderte weiter. Sie ahnte nicht, daß sie mir den glücklichsten Augenblick meines Lebens geschenkt hatte.

Ich erwachte mitten in der Nacht. Seit Liz' Krankheit hatte ich mir einen sehr leichten Schlaf angewöhnt. Es war nichts. Nur ein Fensterhaken bewegte sich im Winde. Ich machte ihn fest und blieb einen Augenblick am Fenster stehen. Es war kalt draußen und sternenklar.

Ich war unendlich glücklich.

Ich sollte Heming heiraten – den einzigen Mann, den ich wirklich liebgewonnen hatte. Ich mußte daran denken, daß Anne-Grete gesagt hatte: Wenn Knut seinen Kopf eines Tages auf den Richtblock legen müßte, dann wüßte sie, daß sie ihren neben seinen legen würde.

Genauso erging es mir, wenn ich an Heming dachte.

Und Liz hatte mich Mutti genannt.

Frau Bredal und ich waren uns einig geworden. Alle Papiere waren in Ordnung. Binnen kurzem würde Liz meine eigene Tochter sein, die mir niemand mehr würde wegnehmen können. Sie sollte meine Alleinerbin sein. Und das war nicht schlecht. Ich war selber ganz erstaunt, als ich entdeckte, wieviel ich tatsächlich besaß, nachdem meine Leibrente in bares Geld verwandelt und dieses wieder in Papieren angelegt worden war.

„Nur eins will mir nicht recht gefallen", meinte Frau Bredal. „Wenn du nun (als Liz' Großmutter konnte sie natürlich nicht gut „Sie" zu mir sagen) – wenn du nun Liz adoptierst, so bekommt sie ja nun deinen Namen. Wäre es nicht praktischer, wenn sie gleich den Namen deines Mannes erhielte? Ob du deshalb mit der Unterzeichnung der Papiere nicht lieber wartest, bis du verheiratet bist?"

„Das ist wohl richtig“, sagte ich nachdenklich. „Aber auf der anderen Seite möchte ich diese Sache je früher, je lieber in Ordnung gebracht sehen. Eher habe ich keine Ruhe. Angenommen, es stößt mir etwas zu – – nein, ich möchte auf keinen Fall noch lange warten.“

Ich dachte über meine Unterredung mit Frau Bredal nach.

Da kam mir ein guter Gedanke, ein ganz hervorragender Gedanke, muß ich selbst sagen.

Ich zog den Mantel an, setzte den Hut auf und ging zur Universität. Heming hatte eine Vorlesung, die bis zwei Uhr dauerte. Ich erwartete ihn am Eingang. Ungeduldig trippelte ich auf und ab und schaute jede Minute nach der Uhr.

Endlich! Da kam er – ich erkannte ihn sofort an dem abgetragenen Anzug und der widerspenstigen Haarsträhne, die ihm in die Stirn hing. – Wie mir das Herz klopfte!

„Hallo, Steffi! Wartest du auf mich?“ fragte er mit froher Stimme.

„Ja – ich muß dir etwas sagen – ich habe eine Idee –“ Ich merkte es selber, daß ich vor lauter Eifer ganz abgehackt sprach.

Ich schob meinen Arm unter seinen. Wir wandten uns nach dem Schloßpark.

„Du, Heming – wir wollen doch heiraten?“

„Was für eine Frage!“

„Ja, aber weißt du – ich wollte dich fragen, ob du nicht so nett sein willst, dich schon jetzt mit mir zu verheiraten?“

Heming blieb ganz verblüfft stehen.

„Ob ich so nett sein will – – – Du, willst du das nicht noch einmal sagen?"

„Ja, Heming – sieh mal – ich möchte gern deinen Namen tragen, noch bevor ich Liz adoptiere – Dann könnten wir sie doch zusammen adoptieren – das wäre doch viel einfacher – ich meine: wenn du nichts dagegen hast?"

Statt zu antworten, fing Heming an zu lachen. Und *wie* er lachte!

„Aber so sage doch etwas! Willst du oder willst du nicht?"

Er sah mich mit ernster Miene und nachdenklich gekräuselter Stirn an. In jedem seiner Augenwinkel aber lauerte ein Schalk.

„Tja – das wäre für mich natürlich ein großes Opfer – aber da du so nett bittest, so werde ich wohl sehen müssen, was ich für dich tun kann – – –"

Eines Tages traf ich Liz' Lehrerin. Sie erzählte mir lachend von einem Zwischenfall in der Klasse.

Einen Tag vor der Hochzeit kam Liz mit aufgewickelten Locken in die Schule.

„Nun, Liz?" fragte die Lehrerin. „Wozu brauchst du denn so schöne Locken?"

„Zur Hochzeit", antwortete Liz mit leuchtenden Augen. „Ich soll Brautjungfer sein. Ich freue mich schon mächtig darauf, Fräulein."

Ja, meinte die Lehrerin, das könne sie gut verstehen.

„Aber wer feiert denn Hochzeit, Liz?"

„Vati und Mutti", sagte Liz.

Anne, der beste Lebenskamerad
Verliebt leben Anne und Jess in Salzburg. Anne arbeitet, damit Jess seine Ausbildung als Musiker beenden kann. Wird es gutgehen?
Best.-Nr. 6642 **DM 10,80**

Bleib bei uns, Beate
Beate möchte endlich selbständig sein. Sie wird Hausmutter bei vier mutterlosen Kindern. Wird sie ihr Glück finden?
Best.-Nr. 7652 **DM 10,80**

Die Glücksleiter hat viele Sprossen
Heiko und Sonja wollen nicht mehr getrennt wohnen, sie heiraten und sehnen sich danach, in Afrika zu leben. Aber etwas bedroht ihre Liebe...
Best.-Nr. 6661 **DM 10,80**

Sonjas dritte Sternstunde
Sonja und Heiko verlassen Afrika, um in Europa Urlaub zu machen. Heiko erhält ein Angebot für eine Expedition nach Australien. Was wird Sonja tun?
Best.-Nr. 6664 **DM 10,80**

Hab Mut, Katrin
Ein verwöhntes Mädchen wird achtzehn. Katrin hat keine Ausbildung, aber Glück: in einem Arzthaushalt findet sie Arbeit – und Bernd…
Best.-Nr. 6650 **DM 10,80**

Meine Träume ziehn nach Süden
Sonja liegt im Krankenhaus und träumt vom großen Glück, von einer Reise nach Afrika. Tatsächlich gewinnt sie eine Afrikareise in der Lotterie…
Best.-Nr. 6659 **DM 10,80**

Machst du mit, Senta?
Sonja und Senta sind Zwillingsschwestern. Beide haben die gleiche Reise gebucht. Bald entsteht große Verwirrung: wer ist wer?
Best.-Nr. 7725 **DM 10,80**

Sonnige Tage mit Katrin
Eine Reise nach Norwegen hält tolle Überraschungen für Allegra bereit. Ihr Glück heißt Hartmut. Und Katrin hat das Nachsehen…
Best.-Nr. 7852 **DM 10,80**

Spannende Taschenbücher von Berte Bratt:

HABE ICH		WÜNSCHE ICH MIR
	Meine Tochter Liz	
	Ein Mädchen von 17 Jahren	
	Das Leben wird schöner, Anne	
	Anne und Jess	
	Anne, der beste Lebenskamerad	
	Das Herz auf dem rechten Fleck	
	Umwege zum Glück	
	Nur ein Jahr, Jessica	
	Kleiner Hund und große Liebe	
	Alles kam ganz anders	
	Zwei Briefe für Britta	
	Ich zähl die Tage im Kalender	

Deine Wunschliste bitte hier ausschneiden.